国際裁判の動態

国際裁判の動態

李　禎之著

信山社

はしがき

本書は、国際裁判過程に関する理論的かつ実践的な研究であり、国際司法裁判所における訴訟手続の実証的な分析により、国際裁判研究に新たな地平を切り拓こうとするものである。従来の国際裁判研究は、管轄権や付随手続に関する制度論ないしは法適用の結果たる判決それ自体の判断内容を分析対象とした判例研究など、静態的・結果志向的なものが中心であったように思われる。つまり、国際裁判の制度や裁判の成果物たる判決を“所与のもの”として展開されてきたといえよう。しかし、こうした視座では、国際裁判が実際に果たしている機能やその活動実態を理解することは困難である。そもそも制度が機能を必ずしも規定するわけではない。さらに、分権性をその特質とする国際社会においては、「裁判」といえども紛争解決に向けた選択可能な一手段にすぎず、紛争処理において優越的な地位を占めているわけでもない。現実の紛争解決は国際裁判により担保されてはおらず、外交交渉のような他の紛争処理手段との連続性の契機が国際裁判には内在しているのである。したがって、紛争解決における国際裁判の実態を明らかにするためには、紛争解決の過程に裁判を位置づけて考察をする必要があるといえよう。確かに、国際裁判に対するこうした過程志向的な理解は、国際紛争処理論の文脈においては主張されてきた。しかし、そうした紛争処理体系に関する従来の研究も、その多くの場合、抽象的な理念や裁判モデルを提示するにとどまってきた感があり、既存の国際裁判に関する豊富な研究成果を十分には活用していないように思われる。つまり、国際裁判の紛争解決機能の考察について、従来の国際裁判論は静態的な理解により訴訟の“現実の姿”を理論化できておらず、他方、紛争処理論はその理論を実証する手法に欠けていた、と評価できよう。

こうした状況を踏まえて、本書は訴訟過程（国際裁判論）と紛争過程（国際紛争処理論）との相互連関を一連の具体的な訴訟手続に即して整理・分析することにより、紛争解決に向けた国際裁判の実態を実証的に解明することを試みる。ここで本書が「訴訟手続」に着目するのは、以下のような理由による。まず、国際裁判所において行われる訴訟活動とは、判決に向けた「裁判所および当事者による行為の連鎖」に他ならない。それら行為は法規により規律された法的手続であり、裁判における法的活動の内実そのものであるといえる。そうした訴訟手続を分析の対象とすることによって、判決の形成過程のみならず、訴訟過程と訴外の事実との連関についても実証的な研究手法を採ることが可能になると考える。また、訴訟手続は紛争当事者の意思から一定程度独立した「裁判所の自律性」を体現しているものと考えられる。とりわけ、常設的裁判所の場合は、訴訟手続にこそ、その「常設性」に起因する継続性と一貫性がみいだされるであろう。そのため、訴訟手続を取り扱うことで、本書のテーマに対する裁判所自身の理解および内在的論理を体系的に考察できると考える。以上、本書は、過程志向の視座に立ちつつ訴訟手続を実証的に分析することで従来の国際裁判研究の成果と紛争処理論の理解とを統合し、国際裁判の動態的な姿を提示する研究であると位置づけられよう。

2007年５月30日　長崎にて

李　禎之

目　　次

序

問題の所在と本書の目的

国際司法裁判所（以下、裁判所）は、その裁判官構成や事項管轄権範囲、発揮しうる諸機能から「世界法廷」とも呼ばれ、現代国際社会における「法の支配」を象徴する機関である(1)。さらに、近年では付託される事件の量および質からも、その役割の拡大・向上がめざましいといえる(2)。しかし、裁判所は現実の国際紛争（紛争事実関係(3)）の解決(4)にどの程度貢献しうるのであろうか。この問いへの回答が、第１次的には、裁判所を利用する紛争当事国の意思に依存していることに異論はないであろう(5)。紛争当事国意思に対する依存は、そもそも裁判所の管轄が紛争当事国の同意（consent, le consentement）に基づいていることからも明らかといえるが（管轄権の同意原則）、現に紛争が裁判所に付託された場合に至っても、現実の紛争過程と訴訟過程との間に存する乖離が、紛争当事国の意思への依存を維持・強化し、紛争解決に向けた裁判所の役割を制約することを見逃してはならない。そして、この乖離は、訴訟における「紛争」構成の問題に起因し、かつ、その問題に集約されると考えられる。

それでは、ここで、このように問題を設定しうる根拠を、裁判所の任務を定めた条文を参照しつつ確認しておこう。裁判所の任務に関わる条文は国際司法裁判所規程38条のみであり、同条１項は、裁判所は「付託された紛争（disputes, différends）を国際法に従って裁判する（decide, régler）」ことをその任務とする、と規定する。ここから、まず第１に、裁判所は「付託された紛争」しか取り扱いえないことがわかる。このことは、司法権発動の本質的な受動性に由来しており(6)、ここに、紛争当事国の主観による制約が存在しているといえる。そもそも国家は、紛争事実関係の一側面のみを「紛争」として裁判所に付託するよう決定すること、つまり、紛争事実関係の部分的提訴が可能である(7)。これは、紛争処理手段選択自由の原則(8)の一帰結であり、「紛争」に対する当事者のコントロール権（処分権）として是認されるものである。そのため、提訴段階において既に、紛争当事国の一方または双方の主観的意思によって定式化される「紛争」と“真の”「紛争」（ないし裁判所により客観的に定式化される「紛争」）とが一致しない可能性が生じているといえよう(9)。

そして第2に、裁判所規程38条1項によると、裁判所が取り扱いうるのは、「国際法に従って裁判する」ことができる、つまりは国際法の適用により処理されうる、「紛争」のみである(10)。したがって、紛争事実関係が「紛争」として裁判所に付託されるためには、法的に構成されていることを要するのであり、ここには当事者の意思を一定程度離れた客観的な制約が存在しているといえる。なぜなら、訴訟における裁判所の判断である判決は、紛争事実関係の法的側面のみに関わり(11)、その際に適用される法も裁判所の認定に服する（「裁判所は法を知る“*jura novit curia*”」原則）からである。この点は、従来の議論において、「紛争」概念を限定することにより把握されてきた(12)、換言すれば、「法的紛争」を巡る「裁判適合性（justiciability, justiciabilité）」の問題として議論されてきたといえよう(13)。判例上、「法的紛争」の古典的定義は、「2主体間における法律上または事実上の論点に関する不一致、法的見解または利益の衝突」(14)と定式化される。ただし、上記定式化にいう「利益の衝突」では「法的紛争」と解するには不十分(15)であり、「一方当事者の請求（claim, réclamation）が他方に積極的に反対される（is positively opposed, se heurte à l'opposition manifeste）」ことを要することが確認されている(16)。つまり、訴訟における「法的紛争」とは、「一定問題に関する法律的見解の衝突」(17)であり、現行法に基礎付けられた主張である請求(18)の衝突が不可欠なのである。このように訴訟において処理されうる「紛争」が限定される帰結として、「紛争が法的に解決されても、政治的現実の平面での争いは残存しうる」(19)、ないし、「法律的紛争としての側面が、裁判によって解決されたからといって、同じ紛争の政治的紛争としての側面まで解決されるわけではない」(20)という問題が生じうるのである。

こうして規程38条1項の文言から、現実の紛争事実関係と訴訟において処理されうる「紛争」（「法的紛争」）との乖離は、上記2つの制約（「紛争」の構成を巡る紛争当事国側による制約および裁判所側の制約）に起因していることを確認できる。

さらに、これら2つの制約を訴訟手続上に位置付け直すことで、上述の乖離は“訴訟”という制度に固有の問題であることがより明らかとなる。訴訟手続は、事件が基礎をおく事実または法に関する当事者主張の提示を統制的・組織的・対審的に行うことをその主な目的としており[21]、裁判所は、現行法の観点から扱えるように、紛争事実関係が請求に変形されることを、**訴訟手続により**確保せねばならない[22]。その結果、訴訟当事国は、事件（a case）を申立て（submissions）という形で一連の争点（issues）に変形しなければならないことを要請されるのである[23]。このことは、申立手続が紛争事実関係と訴訟との接点をなしていることを示しているのであり、同手続こそが「紛争の中から法的要素を抽出する」という意味での「脱政治化（depoliticization）」[24]過程を具現していると考えることができよう。つまり、訴訟手続の観点からみた「(法的）紛争」とは、「法廷による決定に適した形式、つまり、一連の特定された争点へと加工ないし変形されたもの」であり[25]、その定式化は、最終申立てにおける請求に具体化される[26]。この変形（加工）過程が、“変形された”「紛争」はより広範かつ巨大な紛争事実関係の一要素に過ぎないかもしれないという事態を生み出し[27]、さらには、「事件の性格を修正する」可能性さえ秘めているのである[28]。換言すれば、訴訟における「(法的）紛争」は訴訟当事国によって訴訟過程に適合する請求という形式で表現されなければならず、こうした請求を通じて訴訟手続において「(法的）紛争」が形成されていく過程にこそ、主観的（当事国意思を基準とした変形）にも客観的（現行法を基準とした変形）にも紛争事実関係と「(法的）紛争」との乖離が生み出され、拡張される基盤が存在するのである。「訴訟は、他の紛争処理手続とはその方法のみならず、その結果をも異なる特殊な紛争処理手続」といわれる所以は、ここにある[29]。

以上の考察から、現実の紛争過程と訴訟過程との乖離を巡る問題は、紛争事実関係・「(法的）紛争」・請求の関係に帰着させることができ、①訴訟において処理される「(法的）紛争」は、現実の紛争事実関係と必ずしも一致するわけではなく、その一部でありうること、および②訴訟手続の観点から見ると、こうした紛争事実関係と「(法的) 紛争」との乖離には請求が介在していること、がわかった。このことから、紛争事実関係と請求との対応関係こそが、現実の紛争解決に裁判所が果たしうる役割を規定するといえる[30]。つまり、これらが一致しているならば、司法的「処理」は紛争事実関係の「解決」に直結しうるのに対し、これらが齟齬をきたせば、司法的「処理」が必ずしも紛争事実関係を「解決」するには至らないと考えられる。こうした理解を踏まえて、本書は、裁判所が紛争事実関係と請求との関係を如何に取り扱ってきたのかを訴訟手続の観点から論じることにより、国際紛争の「解決」とその司法的「処理」との関係に対する裁判所の立場を考察する。この考察を通じて、訴訟過程を訴訟の客体を中心に構成し、裁判所の紛争解決機能を実証的に解明することが本書の目的である。

なお、上記目的に鑑み、本書では、その分析対象を以下のように限定して考察を進めることにする。まず、第1に、本書は争訟事件をその対象とし、勧告的意見は扱わない[31]。また、第2に、本書は裁判所の本来的な紛争解決機能、つまり判決手続をその対象とし、付随手続である仮保全措置により裁判所が果たす機能については扱わない[32]。そして、最後に、本書は、訴訟手続を通じた「脱政治化」過程の視点から判例を取り扱うため、一方的提訴の事例を主な分析対象とする。この点、合意提訴の場合、「紛争」につき原則的に当事者間に合意があり[33]、提訴時に脱政治化は達成されているものとみなしうるため[34]、原則として本稿の対象とはしないことにする。

本書の構成

上記考察を進める前提として、本書では、訴訟過程を裁判所と当事者との二面関係と捉え[35]、訴訟の発展的過程を動態的に把握するために、請求をめぐる両者（訴訟当事者および裁判所）の相互的活動を、原告−裁判所、被告−裁判所、裁判所自身の順に取り上げて検討していく。

まず、第1章では、原告による訴えの提起（請求提起）を取り扱う。そこでは、訴訟開始時における請求定立の問題、そして手続中における請求の変動可能性を検討することにより、原告の主張過程を規律する原理および考慮、とりわけ、そこにおける紛争事実関係の位置付けを明らかにしたいと考える。

そして、第2章では、被告による請求提起の側面から問題を検討する。ただし、(原告請求の) 棄却判決は裁判所の職権でも可能であり、被告のあらゆる申立てが必ずしも判決の対象となるわけではないため、同章での検討対象は反訴に限定される。したがって、問題は、反訴を巡る被告主張の規律に、紛争事実関係が如何なる影響を持つかということになる。

上記2つの章において裁判所による当事者の主張過程の規律という観点から問題を検討した後、裁判所自身による職権的な請求統制の可能性に考察を進める(第3章)。ここでは、判決手続における裁判所の請求解釈権をまず理論的に分析し、その理論枠組みを利用して同権限の行使態様を整理することによって、紛争事実関係と請求を関連づけようとしている裁判所の立場を実証的に明らかにする。

最後に、紛争事実関係の解決が、訴訟手続に如何なる影響を与えるか、つまり、紛争事実関係と請求の関連性を、訴訟終了の局面から考察する(第4章)。上記3つの章は、訴訟内での議論であり、そこでの問題は、請求を通じて紛争事実関係をどの程度訴訟に包含しうるかにあった。他方、第4章では、訴えの取下げ手続を検討することを通じて、訴外の解決と訴訟との関係を明らかにすることをその目的とする。

以上の検討を通じて、訴訟過程における請求と紛争事実関係との関係を明らかにし、紛争「解決」に対する裁判所の立場を評価することにしたいと考える。

【注】

(1) *See* G. Abi-saab, *The International Court as a world court, in* V. Lowe *et al.* (eds.), Fifty years of the International Court of Justice: essays in honour of Sir Robert Jennings (1996), pp. 3-16; M. Shahabuddeen, *The World Court as the Turn of the Century, in* A.S. Muller *et al.* (eds.), The International Court of Justice (1997), pp. 3-29.

(2) *See* Report of the Joint Inspection Unit on the review of management and administration in the Registry of the International Court of Justice: Note by the Secretary-General, A/55/834, (2001), p. 2, paras. 11 and 13.

(3) 本書において、「紛争事実関係」とは、「争いの実態」そのもの、つまり前法律的な事実関係を指す用語として用いる。これは、他の論者により、「抗争」「衝突」「対立」とも呼ばれるものである。

（4） 本書において、紛争の「解決」という用語は、「紛争状態（紛争事実関係）の解消そのもの」を指すものとし、「国家間に紛争が生じた場合、紛争の当事者あるいは第三者がその紛争状態（紛争事実関係）を解消しようとして行う努力」を指す紛争「処理」とは区別する。こうした用語法については、坂元茂樹「国際司法裁判所における『交渉命令判決』の再評価(一)」国際法外交雑誌96巻3号（1997）4頁に倣った。

（5） *See* L. Gross, *On the Justiciability of International Dispute, in* L. Gross, Essays on International Law and Organization, Vol. 2,（1984）, pp. 1050-1051. *See also* M. Shaw, The International Court of Justice: A Practical Perspective, 46 ICLQ（1997）, pp. 835-836.

（6） 他方、安全保障理事会は、能動的に「紛争の平和的解決」に関わることが認められている。この点に関しては、国際連合憲章33条2項、34条、36条および37条2項を参照。

（7） この点については、United States Diplomatic and Consular Staff in Tehran, Judgment, ICJ Reports 1980, pp. 19-20, paras. 35-37 and pp. 37-41, paras. 80-89 を参照。

（8） 国際連合憲章33条をおよび友好関係宣言第2原則5項参照。

（9） *See* S. Rosenne, The Law and Practice of the International Court 1920-1996（3rd Ed., 1997）, pp. 523-534.

（10） *Voir* Actions armées frontières et transfrontalières（Nicaragua *c.* Honduras）, compétence et receivabilité, arrêt, CIJ Recueil 1988, p. 91, para. 52.

（11） *Voir* O. Corten et P. Klein, *L'efficacité de la justice internationale au regard des fonctions manifestes et latentes du recours à la Cour internationale de Justice, in* Justice et juridictions internationales（2000）, pp. 49-50.

（12） *See* R. Jennings, *The Role of the International Court of Justice*, 68 BYIL（1997）, p. 48.

（13） ここでの問題は、法的意味における「裁判適合性」である。なお、「法的紛争」、さらに「政治的紛争」を巡る伝統的な議論についての論考は枚挙に暇がないが、さしあたり、藤田久一「国際紛争処理のメカニズム—『動的紛争』をめぐる議論と国際裁判—」『紛争処理のメカニズム』（関西大学研究双書）79冊（1992）1-26頁、山形英郎「国際法における伝統的な政治紛争理論の検討」『現代法学の諸相（岡山商科大学法経学部創設記念論集）』（法律文化社, 1992）202-227頁、杉原高嶺「国際裁判の機能的制約論の展開—政治的紛争論の検証—」国際法外交雑誌96巻4・5号（1997）150-174頁を参照。

（14） Affaire des Concessions Mavrommatis en Palestine, CPJI Sér. A, No. 2, p. 11.

(15) South West Africa, Second Phase, Judgment, ICJ Reports 1966, p. 33, para. 48. 皆川洸『国際訴訟序説』(鹿島研究所出版会, 1963) 73頁も参照。

(16) South West Africa Cases (Ethiopia *v.* South Africa; Liberia *v.* South Africa), Preliminary Objections, Judgment of 21 December 1962, ICJ Reports. 1962, p. 328; East Timor (Portugal *v.* Australia), Judgment, ICJ Reports. 1995, pp. 99-100, para. 22; Questions of Interpretation and Application of the 1971 Montreal Convention arising from the Aerial Incident at Lockerbie (Libyan Arab Jamahiriya *v.* United Kingdom), Preliminary Objections, Judgment, ICJ Reports. 1998, p. 17, para. 22; Questions d'interprétation et d'application de la convention de Montréal de 1971 résultant de l'incident aérien de Lockerbie (Jamahiriya arabe libyenne *c.* Etats-Unis d'Amérique), exceptions préliminaires, arrêt, CIJ Recueil 1998, pp. 122-123, para. 21. (強調引用者).

(17) 皆川・前掲注(15)71頁。

(18) 本書では、請求 (claim, demande) を、さしあたり日本法に準拠した意味で使用する。つまり、狭義には、「一定の権利(義務)または法律関係の存否の主張(権利主張と略)」を意味し、広義には「裁判所に対する(審理と)判決の要求」を含む意に解する。「訴訟上の請求」「請求目的」「請求事項」「訴訟物」「*petitum*」「prétention」「réclamation」「l'objet de la demande」等の用語は狭義の請求と同義であり、他方、広義の請求は「訴え」とも呼ばれうる。

(19) Ch. de Visscher, Aspects récents du droit procédural de la Cour internationale de Justice (1966), p. 52.

(20) 廣瀬和子「冷戦後世界における紛争の多様化と秩序形成のメカニズム」国際法学会編『日本と国際法の100年 第9巻 紛争の解決』(三省堂, 2001) 9頁。

(21) *See* S. Rosenne, *supra* note 9, p. 1080.

(22) 裁判所の訴訟手続は、「主権平等」を反映して、民事訴訟的である(処分権主義と弁論主義を含む当事者主義を採用している)、と指摘される。*See* R. Kolb, *General Principles of Procedural Law, in* A. Zimmermann *et al.* (eds), The Statute of International Court of Justice: a commentary (2006), pp. 809-810.

(23) R. Jennings, *The Proper Work and Purposes of the International Court of Justice, in* A.S. Muller *et al.* (eds.), The International Court of Justice: Its Future Role After Fifty Years (1996), pp. 33-34.

(24) S. Rosenne, The International Court of Justice: An Essays in Political and Legal Theory (1957), pp. 56-57. ちなみに、メリルスは、「脱政治化」を「事件の政治的側面から法的側面を分離 (separation) すること」と定義する。*See*

J. G. Merrills, International Dispute Settlement,（4th Ed., 2005）, p. 170.

(25)　R. Jennings, *Reflections on the Term 'Dispute', in* R. St. J. Macdonald（ed.）, Essays in Honour of Wang Tieya（1993）, pp. 403 and 405.

(26)　*See* S. Rosenne, *supra* note 9, pp. 1079-1080.

(27)　*See* R. Jennings, *supra* note 12, p. 49.

(28)　R. Jennings, *supra* note 23, p. 34.

(29)　R. Jennings, *id.*, p. 36.

(30)　*See* S. Rosenne, *supra* note 9, p. 1266.

(31)　確かに、勧告的意見が具体的な紛争処理に関係しうる点は否定できない。*See* J. Collier and V. Lowe, The Settlement of Disputes in International Law: Institutions and Procedures（1999）, pp. 182-185. しかし、この点については、別稿に譲ることにしたい。

(32)　仮保全措置の発揮しうる"紛争解決"機能については、O. Corten et P. Klein, *supra* note 11, pp. 56-65; S. Rosenne, *A Role for the International Court of Justice in Crisis Management?, in* G. Kreijen *et al.*（eds.）, States, Sovereignty, and International Governance（2002）, pp. 212-216 を参照。

(33)　ただし、いわゆる「枠組み合意（framework agreement）」という例外があり得る。「枠組み合意」については、S. Rosenne, *supra* note 9, pp. 672-677 を参照。

(34)「付託合意は、判決よりも重要である」といわれる所以である。*Voir* N. Politis, La justice internationale（1924）, p. 49.

(35)　日本の民事訴訟法学においては、訴訟で生じる法律関係が原告対裁判所および被告対裁判所という２面関係なのか、それらに原告対被告の関係を含めた３面関係なのかという理論上の対立が存在する（高橋宏志『重点講義 民事訴訟法［新版］』（有斐閣，2002）60-61頁）。しかし、本書は、裁判所に対する当事者の要求（請求）を裁判所自身が如何に処理しているのかに問題関心があるため、２面関係と捉えておけば十分であり、裁判内交渉に関わる訴訟当事国間関係は取り扱わないことにする。

第１章　訴えの提起およびその変更

国家は、具体的な紛争処理のために国際司法裁判所（以下、裁判所）を利用するか否かを選択できるし、かりにこれを利用するにしても裁判所がその審判対象とする範囲を画定しうる立場にある。とりわけ、裁判所が導入した一方的提訴制度は、原告に審判対象をなす（訴訟上の）請求（*petitum*）を画定することを認めており、請求に対して法的判断を下すこと（判決）により紛争を処理するという裁判の原理的仕組みに鑑みれば、原告による請求の定式化こそが一方的に提訴された事件に対する裁判所の紛争解決機能を決定付ける要素といえる。しかし、こうした請求がどのように形成され、それが紛争事実関係と如何なる関係を持つのかは十分に解明されているとはいえない。

本章は、原告による請求の形成過程、および同過程に対する紛争事実関係の影響を明らかにすることをその目的とする。ここでの問題は、第１に、請求が何をもって、どの時点で、特定され確定するのかということであり、第２に、請求に対する紛争事実関係の影響、ひいては裁判所が、原告の主張過程において、如何にして紛争事実関係を請求に関連づけているのかということである。

それでは以下、第１節では、訴え提起段階における請求の画定につき、裁判所の採る制度を確認する。そして、この分析を基礎として、主張過程における請求の変動可能性および原告の主張を規律する基準を検討することにしたい（第２節）。

第１節　訴えの提起──請求特定の観点から──

日本法上、訴えは、裁判所に対し原告がその請求を提示して一定内容の判決を要求する要式の訴訟行為であり、訴えの提起によって判決手続が開始される。そして、訴えの内容である（訴訟上の）請求は、訴訟手続のはじめから、つまり訴状の提出時から明確に特定されていることが必要とされ、それは訴状に「請求の趣旨および原因」を記載することにより果たされる(1)。ここで、「請求の趣旨」とは、判決を求める請求の範囲を明確にし、それについての判決を確定的に要求する主張であり、「請求の原因」とは、（訴訟上の）請求を特定の権利主張として構成するのに必要な事実である(2)。ただし、請求原因に当たる事実がすでに「請求の趣旨」の記載のなかに全て現れている場合（請求の趣旨だけで請求が特定できる場合）には請求原因の記載は不要とされており、請求の趣旨を補完するものと考えられている(3)。つまり、日本法においては、一定の権利主張（請求）の特定表示が訴えの開始時から必要とされる制度となっているのである(4)。

それでは、国際司法裁判所は、請求の画定につき、如何なる制度を採っているのであろうか。まず、訴訟法上求められる書面の記載事項を確認し、検討すべき問題を明らかにしておきたい。

1　書面の記載事項

国際司法裁判所への一方的提訴の場合、訴訟手続は請求訴状（Application, Requête）の提出により開始され（規程40条）、当該書面には、紛争主題（the subject of the dispute, l'objet du différend）および当事者を記載（indicate, indiquer）しなければならない（規程40条および規則38条１項）(5)。さらに、規則38条２項では、請求訴状に以下の事項も記載・特定（specify, indiquer）しなければならないと定められている。それらは、①管轄権の基礎、②「請求」（claim, demande）の正確な性質、③「請求」の基礎となる事実（facts, faits）および理由（grounds, moyens）、である。続いて提出される申述書の記載事項は、規則49条１項に規定さており、それらは①関連事実の陳述、②法の陳述、③申立て（submissions, conclusions）である。

上記の記載事項から、請求訴状における紛争主題および「請求」、ならびに申述書における申立てが、請求の画定に関係しうるように思われる。それでは、国際司法裁判所においても、日本法のように、訴訟開始書面である請求訴状における「請求」（「請求」の正確な性質ならびに「請求」の基礎となる事実および理由）により、（訴訟上の）請求が明確に特定されねばならないと解しうるのであろうか。また、請求訴状における紛争主題や申述書における申立ては、請求の画定につき、「請求」との関係でどのように位置づけられるのであろうか。ここで、「請求」、紛争主題および申立てが区別された記載事項であることは、規則の文言から明らかである。しかし、各用語が持つ意味内容およびそれら相互の関係は規則から詳らかではなく、この点を明らかにしない限り、上記問題に対して妥当な結論を下すことはできない。

まず第1に、請求訴状における紛争主題と「請求」の各々が意味する内容およびそれらの関係は如何に把握されるべきかという問題がある。この点につき、インターハンデル事件におけるバドバン判事の宣言が両者を区別した議論を展開している(6)。同判事は、46年規則32条2項（現行規則38条2項）における紛争主題と「請求」との区別を指摘し、後者を「紛争に関連して提示された特定の請求」であり、前者は「付属文書の検討により確認される」事実認定次元の問題であると考えている。こうした紛争主題と「請求」との区別は、学説上も一般に主張されてきたといえる(7)。セルニは、紛争主題とは、「実質的法関係（le rapport juridique substantial）」、つまり、「当事者間の見解の相違、係争、争いの存在に関する」ものであり、「請求」とは「より特定され、手続上厳格な事項」、原告が裁判所から得たい判決内容を示す「*le petitum*」であるという(8)。さらに、同問題を詳細に考察したアスラウィによれば、紛争主題が「事実としての係争状態（une situation litigieuse）」(9)であるのに対し、「請求」は一般に「請求内容（prétention）を提示する行為」であり(10)、請求訴状におけるそれは「請求事項の単なる指示」(11)であるという。アビサーブも同様の立場を採り、紛争主題は「係争状態」であり、「請求」は「訴訟当事国の活動により目指される目的」であるとする(12)。

以上の学説からは、紛争主題と「請求」とを概念上区別することは可能であり、その際、紛争主題は「（客観的）**事実**としての係争状態」と、「請求」は紛争主題から引き出しうる「被告に対する特定の（主観的）**権利主張**」(13)と把握することができる。この概念区分に従うと、紛争主題によって請求の客観的・事実上の限界は定められるが、法的には、紛争主題から原告が法的に引き出した「請求」により、請求は特定される必要があるようにみえる。

しかし、こうした概念上の理解に訴訟法上の効果が伴っていなければ、請求の画定が、制度上、要求されているとはいえない。つまり、ここでの問題は、訴訟法上、「請求」の特定ないし不特定は如何なる法的効果を伴うのかということにある。この検討により、請求が請求訴状段階における「請求」により特定されるのかを、訴訟要件の観点から明らかにしたいと考える（後述２⑴）。

そして第２点目として、紛争主題ないし「請求」と申立てとの区別は如何になされうるのか、ということも問われなければならない。ここで、申立てとは、判例によると「請求の明確かつ直接的な陳述」(14)であると解され、学説上、バドバンは、申立てを「訴訟当事者が自らの主張を介して事実や法の理由から引き出す結論であると同時に、場合によっては訴訟当事者が裁判所に宣言と判決を求める陳述」と定義する(15)。アスラウィも、申立ては、「推論から引き出される論理的結論あるいは立証されたと見なされる事実から引き出される法的に主張される結論」であり、「紛争から引き出されるかもしれない権利および義務を陳述」するものであるという(16)。国内法上、英米法における申立ての概念内容はやや広く解されており、攻撃方法・論拠（arguments）を含むものとされるのに対し、国際司法裁判所では厳格なフランス法上の概念と一致していると指摘されている(17)。さらに、申立ては、「裁判所が審判を求められている事項の肯定的陳述（a positive statement）」でなければならず(18)、疑問形の申立ては適格性を欠くものとして却下される。裁判所（常設国際司法裁判所）は、上部シレジアにおけるドイツ人の利益に関する事件において、このことを確認している。本件において、原告ドイツは、第２申立てとして、⒜上部シレジア窒素会社とバワリア窒素会社に対するポーランドの態度（徴収）は1922年ジュネーヴ条約第６条以下に適合せず、⒝同諸条に適合するために上記２社に対してポーランドは如何なる態度をとるべきであったかを述べることを提示した。裁判所は、上記⒝に関し、「判決（une decision）」を求めている点に勧告的意見との違いを確認しつつも、問いの形式のままである申立てについては、判決を与えることができないとしたのであった(19)。学説上も、疑問形の申立ては、裁判所に法以外の考慮に基づく選択を迫り(20)、裁判所に判決事項の定式化を要求するがゆえに(21)、その適格性に問題が生じると考えられている[22]。以上より、申立てとは、請求事項の具体的かつ明確な提示のみを内包する、裁判所に対する陳述と理解される。

この定義によれば、申立てと紛争主題（先に述べたように、紛争主題は「事実としての係争状態」と理解される）との区別は、概念上は明らかであるように思われる。実際には申立ての形式で紛争主題が提示されることもあるため[23]、記載形式の観点からは両者の区別が曖昧であるといわれるかもしれない。しかし、規則上、申立ては請求訴状の記載事項ではないことから、同書面において“申立て”と呼称される主張は固有の意味での申立てと見なすことはできないと考える。

他方、申立てと請求訴状における「請求」との区別は、より困難である。なぜならば、両者共に権利主張である点において、実質上区別しえないからである。実際、フェラーの指摘するように、常設国際司法裁判所設立当初から、規則の文言は「請求の記載」のみに言及しているにもかかわらず、請求訴状で“申立て”が提出されてきた[24]。さらに、ロゼンヌは以下のように指摘している。

> 「申立ては、形式上、請求訴状においては要求されない。しかし、請求訴状は請求（the claim）あるいは救済（the relief sought）を記載しなければならず、その効果は正式な申立てと区別がつかない。判決や命令における申立ての説明において、裁判所は、それら嘆願や請願（prayers and petitions）を申立てと同一視している（下線引用者）」[25]。

もし「請求」が訴訟法上の効果までも申立てと同じであるならば、請求（請求事項）は「請求」により請求訴状段階で特定され、確定するとみなければならないであろう。そのため、申立てとの比較において「請求」が持ちうる法的意味や機能を明らかにする必要がある。（後述 **2**(2)）

以上より、提訴段階における請求画定の問題は、紛争主題と申立ての各々から区別される、請求訴状における「請求」の訴訟法上の位置と機能に関わると考える。

2　請求訴状における「請求」

国際司法裁判所において、請求訴状と申述書とは別個の書面として峻別されている。このことは、訴訟法上、両者が異なる条文（請求訴状は規程40条および規則38条、申述書は規程43条および規則49条）により規定されていることから明らかである。加えて、起草過程においても両者の同一化は否定されていたのであった[26]。この峻別を前提とするならば、各書面は、訴訟法上、別個の機能を担っているとみなければならないであろう。そして、請求訴状については、“訴権”の行使にこそ、その存在理由があるといわれる[27]。つまり、請求訴状の提出による効果は、裁判所への訴訟係属（seisin, saisine）[28]の発生であり、それが付随的ないし固有の管轄権の行使を可能にすると考えられるのである[29]。その際、請求訴状の受理要件は、規程により求められる「紛争主題」および「当事者」の記載のみとされており、「請求内容（prétention）の記載は要件ではな」く[30]、「実際的意味での請求（demande）は不要である」、といわれる[31]。

しかし、請求訴状の内容は請求の画定には関係しえないのであろうか。つまり、「請求」は、訴えの本質的な要素ではなく、法的な意味を持ち得ないのであろうか。以下、請求訴状における「請求」記載・特定の訴訟法上の意味および「請求」の持つ手続上の機能を分析することで、提訴段階において請求が画定されているのかを考察していく。

(1)　特定の義務性

まず、請求訴状における「請求」の特定が義務であるのかどうか、という観点から問題に接近してみたい。換言すれば、「請求」の不特定、つまりは請求訴状の形式的不備が、請求訴状の受理不能を導くのかどうかという問題である。もしこの問題に対する答えが肯定的であるならば、請求訴状は、訴訟係属の発生のみならず、同書面中の「請求」を通じて請求を画定する機能をも担っていると解さねばならないであろう。

ちなみに、規則38条１項の要件（紛争主題および当事者の記載）は規程40条の要件と同一であり、これが義務であることは、学説上、一般に認められている[32]。したがって、同要件の不遵守は、請求訴状を無効とすると解される[33]。つまり、理論上、「紛争主題」の未記載は受理不能を導きうる。

他方、規則38条２項の要件が義務かどうかについて、学説は必ずしも一致しない[34]。確かに、一般に、規則の要件は勧告的効果しか持たないと考えられている[35]。しかし、以下の２点より、請求訴状における「請求」の特定が“義務的”であると考えることは必ずしも否定されないように思われる。

まず第１に、「可能な限り（as far as possible, autant que possible）」という文言の対象範囲を如何に考えるかという問題がある。同文言は、「請求」の記載・特定が義務であることを否定する際の根拠とされており[36]、裁判所も北部カメルーン事件において、以下のように述べてこのことを確認した。

> 「裁判所は、その規程40条により、裁判所に提起される紛争の主題は示されていなければならない（*shall be indicated*）が、（1946年規則）規則32条２項は、原告が『可能な限り』一定のことをするように要求している点に注目する。この言葉は、裁判所の管轄権を基礎づける規定を明示することだけではなく、請求の正確な性質を述べ、かつ請求の基礎となる事実および理由を簡潔に述べることにも当てはまる（斜体原文；下線引用者）」[37]。

しかし、78年規則に至って、当該文言の位置が変化したことには注意しなければならないであろう。この変化により、構文上は、「可能な限り」という文言が、管轄権の基礎にのみかかると読むことは不可能ではない[38]。こうした変化に対し、「可能な限り」という文言は、「請求」にもかかるという立場を維持する学説もある[39]。他方、この点に対し、より慎重な立場を採る学説もあり、例えば、ギヨマールは、「1978年規則38条は重大な変更をもたらした。その要件は36年規則（35条２項）と異なっていないが、その定式化がより詳細かつ明確になるよう見直されたことは明らかである。」と述べる[40]。さらに、「請求」が義務的記載事項ではないとすることに伴う不便さ（訴訟の不明確性や訴訟参加しうる第三国への情報が不十分となること）を指摘しつつ、請求訴状における「請求」の記載・特定を「義務的ではあるが、請求を確定するものではない記載事項」として構成する可能性を示唆する説もある[41]。

判例上も、請求訴状における「請求」の記載・特定につき、「可能な限り」という文言を排除する傾向が明らかであるように思われる。国境の武力行動（ニカラグア対ホンジュラス）事件において、裁判所は「規則上、請求訴状は、『請求の正確な性質』および『請求の基礎となる事実および理由』を特定しなければならない（規則38条２項）」[42]、とのみ述べており、「可能な限り」という文言に関する言及はなかった。さらに、ナウル燐鉱事件では、同問題に関して、裁判所は以下のように述べた。

「規則38条２項は、請求訴状には『請求の正確な性質』が特定されるべきことを要求している。（規程40条１項を含む）これら規定は、法的安定性と良き司法運営の観点からみれば、常設国際司法裁判所規程および同裁判所1922年規則から実質的に規定されていたほど必須のもの（essentielles）である」[43]。

同事例において、裁判所は「法的安定性と良き司法運営」に言及することにより「請求」の記載・特定の必要性を強調しているのである。こうした近年の傾向に鑑みれば、規則の文言（「可能な限り」）は、「請求」特定の義務性を否定する決定的証拠とはならないように思われる。

また２点目として、請求訴状の不備（「請求」の不特定）が持つ訴訟法上の特殊性を指摘できる。この点をアビサーブは、「書面の形式的不備は、たいていの場合、当事国の権利に影響を与えることなしに補正できる」[44]と指摘し、ド・ヴィシェも、同問題に対する「裁判所の柔軟な立場が、被告の立場を害することにはならないだろう」[45]と述べる。こうした「当事国の権利に影響を与えない事項」は、裁判所の機構や内部運営に関わる「手続事項」と理解することが可能であり[46]、理論上、手続事項にかかる規則の違反については、その帰結を裁判所が自由に決定できると考えられる[47]。つまり、「請求」の不特定のような請求訴状の不備は、被告の利益を害さないため、裁判所が自らの裁量において処理しうるのである。

以上２点より、理論上、「請求」の特定は、規則上の“義務”、より正確にはその不遵守（請求の不特定）が何らかの手続上の帰結を導く（ないし原告に不利益を課す）ものと解すことは可能と考える[(48)]。そこで問題は、その“義務”違反の帰結、つまり「請求」不特定がいかなる法的効果を導くかということになる。この点、請求訴状の無効により受理不能に帰結するとは考えられていないように思われる。このことは、以下の理由により説明されうるであろう。

まず、実際上、手続中で原告国に書面の補正機会を与えることにより、裁判所は不受理を回避しているといえる。裁判所のこうした対応は、モロッコ燐酸塩事件において明らかである。同事例において、被告フランスは原告イタリアが「請求」の性質を明確に陳述していないことを理由とした先決的抗弁を提出した[(49)]。これに対し裁判所は、「書面手続および口頭手続中に提供された説明が、イタリア政府の請求訴状に含まれていた請求の主題を十分に明らかにした、と認める。」[(50)]と認定したのであった。この点に関しては、学説も、請求の不特定は手続中で治癒されうると主張されている[(51)]。ただし、手続中の治癒を認める場合、請求訴状の受理可能性の決定的期日につき、理論上の難点が指摘されるであろう。なぜならば、原則として、「請求訴状の受理可能性決定の決定的期日は提訴日」である、とされるからである[(52)]。しかし、この難点は、「請求」特定の問題をこの原則の例外と構成することにより解決されると考える。この考えは、カメルーン対ナイジェリア事件（先決的抗弁段階）における裁判所の判断により首肯されよう。同事例において、被告ナイジェリアは、「請求が基礎とする事実の簡潔な記載」が不十分であるという抗弁（第6抗弁）を提出していた。これに対し、裁判所は、「請求訴状の受理可能性決定の決定的期日は請求訴状の提出日である」という先例の適用を否定する際、「これら判決は、請求訴状の**内容**（le contenu）には言及していない」[(53)]と述べて、同原則の例外であることを認めたのである。こうした例外の設定は、「請求」特定の問題が、請求訴状の記載事項という、いわば「形式の問題」であることからも認められうると考えられる。国際司法裁判所は、「形式上の問題に、その問題が国内法において有しうるのと同一程度の重きをおかなくともよ」く[(54)]、「単なる形式上の不備によって裁判所が害されることはない」のである[(55)]。したがって、「請求」の特定にかかる請求訴状の受理可能性決定は、提訴日ではなく、裁判所の判断時が決定的期日であり(56)、当事者による請求訴状の補正を許容する裁判所の対応に法的問題はない。結局、「請求」の不特定により導かれる訴訟法上の帰結は、請求訴状の不受理ではなく、せいぜい文書の再提出である、と考えるのが妥当であるように思われる(57)。そして、当事者により再提出された手続書面ないしは弁論から、裁判所が書面の不備を補うために必要な要素を引き出しうると解される。つまり、手続中の補正可能性からは、請求特定が裁判所の釈明および認定に服すことも示唆されるのである。

加えて、裁判所が要求する請求の特定程度は必ずしも高い水準であるとはいえない。判例において、北部カメルーンでは、「原告は（1946年規則）32条２項（現行規則38条２項）の規定に十分従っており、それゆえ、その不遵守に基づく先決的抗弁には根拠がない。」(58)とされ、ニカラグア対ホンジュラス事件でも、「裁判所はニカラグアの本件訴状はこれらの要件を満たしていると考える」(59)、と判断された。つまり、「請求」の曖昧性・不特定性の抗弁に対して、裁判所は当該要件を満たしている（特定は十分になされている）、として同抗弁を棄却しているのである。

以上、「請求」の特定につき、手続中の補正が可能とされること、および特定の程度も必ずしも高水準で求められてはいないことから、「請求」の不特定をもって請求訴状が不適式として却下される（受理不能とされる）とは考えられていないと結論づけられよう。アビサーブが指摘したように、裁判所は「書面の形式的不備に向けられた抗弁を決して認めてこなかった」(60)のであり、このことは現在も妥当している(61)。つまり、請求訴状の受理要件の観点からは、紛争主題は必要的（義務的）記載事項であるのに対し、「請求」は任意的記載事項と位置づけられるのである。このことは、国際司法裁判所における訴訟が、請求（権利主張）ではなく、紛争（事実）の提示により開始されるということを意味する。ただし、「請求」の特定を規則上の“義務”と解すことは可能であり、その場合、文書の再提出等の補正措置がその効果と考えられる。こうした理論構成の狙いは、訴訟開始時から請求を明確化させることによって訴訟手続の安定と裁判所の便宜を図ることに求められるのであり、請求が原告の提示する「請求」によって一定程度画定されうることは前提されているといえる。この点に「請求訴状の訴答書面化」がみられ、判例もこの方向性を示唆しているものと評価できる。

(2)　請求の確定性

上記(1)の考察から、国際司法裁判所では、請求訴状における「請求」により請求を明確に特定することが必ずしも訴訟開始要件とはされていないとはいえ、その記載・特定は“義務”と理解される傾向にあるということがわかった。それでは、「請求」による請求の画定は、申立てによるそれと同じ効果を持つとみなしうるのであろうか。換言すれば、請求訴状中の「請求」が手続上果たしうる機能は何か、ということがここでの問題である。

まず、請求訴状での「請求」は、判決事項(62)を拘束しうると考えられるのであろうか。この点、申立ては、判決主文の適切な文言に関する当事者の提言を裁判所に示すことをその機能としており(63)、それが裁判所を拘束することは一般に認められている(64)。他方、請求訴状中の「請求」については、1920年法律家諮問委員会見解によれば、「“申立て”は、請求訴状中ではまだ確定的な形式（leur forme définitive）を採らなくてもよく、請求訴状は係争を明確にし訴訟を開始させるのに十分な一般的指示の記載のみをしなければならない」(65)とされており、起草過程からその確定性は否定的に解される。加えて、判例においても、一方的提訴の場合(66)、判決事項の拘束に関しては、請求訴状中の「請求」ではなく、常に申立てが参照されてきた。このことは、常設国際司法裁判所がエルサレム特許事件において、「ギリシア政府は、その申述書において、請求書中の申立てを修正したから、裁判所は、相手当事者がその抗弁を基礎付けることができた最終文書の申立てである、この申述書の申立てを審査の基礎として、採用する。」(67)と述べ、国際司法裁判所も、インド領通行権事件において、「ポルトガルは原告であるから、裁判所が裁判すべき請求項目は、同国の申立ての中に求められるべきである。」(68)と述べたことから明らかである。さらに、漁業管轄権事件（スペイン対カナダ）において、裁判所は、「請求」の正確な性質に不明確性や不一致のある場合、裁判所が原告の「請求」に拘束されるとはみなし得ないと判示している(69)。

以上より、請求訴状中の「請求」が裁判所の判決事項を拘束する程度に確定的である必要はなく、手続上も、「請求」が申立て抜きで判決事項を拘束することはないといえる。つまり、「請求」と申立ては**訴訟行為**としては異なるのである[70]。申立てが特定の請求について裁判所に対しその認容判決を求める訴訟行為として判決事項を拘束する効果を持つのに対して、「請求」は請求の提示ではあっても訴訟行為ではない。「請求は、請求事項の単なる指示であり、**真の申立てではない**」[71]といわれるのは、この意味においてである。

ただし、請求訴状中の「請求」は、後の手続において裁判所により一定程度考慮されうるのであり[72]、「請求」が申述書の申立てを規律すると考えることは可能である。こうした考えは、プレス公事件における常設国際司法裁判所の以下の指摘にその萌芽を見てとることができよう。

> 「(ジュネーヴ条約第72条３項の意味における) 意見の相違が存在するかを決定するためには、何が紛争の主題かを決定する必要がある。規程40条によれば、請求訴状こそが紛争の主題を指定するのであり、申述書は、請求訴状の用語を明らかにすることはあっても請求訴状中の請求の限界を超えてはならない (下線引用者)[73]」。

この裁判所の言及では、「請求」と紛争主題との区別が明確に意識されているわけではなかったが、国際司法裁判所はナウル燐鉱事件において、形式面と実質面から、「請求」に申立てを規律する効果を認めたと評価できる[74]。本件において裁判所は、ナウルの申述書で提示されたイギリス燐コミッショナーの海外資産に関する請求は、形式的観点から**請求訴状で提示された「請求」との関係**で新請求であり[75]、実質的観点からも原請求に包含されないと判断したのである[76]。とりわけ、実質面における「請求」の関連性認定は、請求解釈権者が裁判所であることを明らかにしているといえよう。ここに、「請求」が、申立てを規律する決定的な基準として利用されていることがみてとれる。

この審査手法は、手続過程に内在するものともいえる。なぜなら、後の手続段階は、裁判所が判断する直前の申立てを基礎とするからである(77)。そして、申述書に先立つ書面は請求訴状に他ならず、申述書の申立ては請求訴状から影響を受けざるを得ない。この点、ロゼンヌは、「申立ては、もとの紛争主題と異なってはならないとはいえ、**原請求とは異なっていても**、裁判所により決定されるべき争点（issues）の定義が同じであれば、当事者間での管轄権には問題がない」と指摘し(78)、請求訴状における「請求」とは区別される「争点」に申立てを規律する機能を認める。確かに、原「請求」を字句表現まで含むものとして厳格に解し、変更をその字句の修正という程度にまで広げるならば、理解できる主張である。しかし、問題は、ここでいう「争点」がどのように把握されうるのかということにあり、実質上、「請求」が「争点」を内包せざるをえないため、両者を区別することは困難であるといわねばならない。したがって、請求訴状の「請求」は、実質的には申立てを評価するに際して裁判所により考慮されうるという意味で、後の手続との関係においては、訴訟対象をなす請求を相対的に確定しているといいうる。

以上より、訴訟法上、請求訴状中の「請求」は訴訟行為を構成するものではなく、判決事項を拘束しえないという点で、申立てとは異なる。しかし、請求（請求事項）を含むという意味では、「請求」と申立ては区別できず、実際上、「請求」が後の手続における申立てを規律する基準として裁判所により考慮される余地はある。つまり、「請求」は、請求の漸進的具体化の出発点となるのであり、ここに事実上の機能領域を見いだすことができる。

3　小　　括

請求訴状における「請求」は、まず、その特定が規則上の“義務”として一定程度達成される必要があり、手続上、申述書等における後の申立てに影響を与えうる。他方、「請求」は申述書等における申立てによって明確化されることを前提としており、「請求」のみでは請求の画定を確定的にはなしえない。つまり、「請求」は「紛争主題を具体化した暫定的な権利主張」であり、請求（*petitum*）を“一応”（*prima facie*）画定しうるものといえる。

「請求」が持つこうした性格の微妙さ（特定の必要性と暫定性）は、イラン機撃墜事件における裁判所の判断にも垣間見られる(79)。本件において、裁判所は、従来の慣行を離れ、申述書提出前でも先決的抗弁が提出できることを手続上認めたのであった[80]。この認定は、理論上、請求訴状において訴訟対象をなす請求が「請求」により画定されていることを前提にしているとみなければならない。「申述書提出前における先決的抗弁の提出を認めてこなかったのは、裁判所にとって請求主題を知った上でそれを判断するためであった」という指摘もこのことを裏側から例証しているように思われる[81]。他方、裁判所は、上記認定と同時に「申述書の申立てにより請求の性質を知らされる」被告の権限にも言及しており、申述書における申立てにより請求の画定が達成される、少なくとも、それにより請求訴状の「請求」が補完されるということをも前提としているように思われるのである[82]。

第2節　訴えの変更――申立ての追加的変更を中心に――

前節の考察から、国際司法裁判所においては、請求（*petitum*）が請求訴状における「請求」により、一定程度特定される必要があるとはいえ、その段階で法的に確定・固定されるわけではないとわかった。裁判所を法的に拘束しうる請求は、申述書における申立てによって初めて正式に提示されるのである[83]。ただし、実行上、その後の手続中にも一連の申立てによって請求が明確化・具体化されることは許されており、申立てを修正ないし変更することも、口頭弁論終結時（つまり最終申立て提示時）まで可能であると考えられている[84]。

他方、原告は、申立ての変更を自由になしうるわけではない[85]。なぜなら、無制限に変更を認めると、被告に困惑と防禦の困難を強いることになるのみならず、いままでの審理が全く無駄になるおそれが生じるからである。そのため、不意打ちの防止や審理の有効性確保のために、「紛争（ないし訴訟）の不変性原則」[86]といいうる制約が要請されざるをえないのである。そこに請求訴状における「請求」が事実上の機能領域を持つ余地が生じるとも考えられる。したがって、「請求の明確化・具体化として許容される申立ての修正・変更」と「新請求を構成する申立ての変更」とは、区別されねばならない[87]。つまり、ここでの問題は、手続進行中における請求の変動が、国際司法裁判所において如何なる範囲で認められうるのか(88)、そして、裁判所による規律基準はどこに求められるかということにある。

申立ての変更は、先ずその態様により、「撤回」と「追加」とに大別される(89)。ただし、申立ての撤回については、問題は少ない(90)。事実、申立ての撤回が大きな争点となった事例はない(91)。結局、撤回は、訴えの取下げに類するものであり(92)、判決事項の減縮のみに関わるといえる。他方、「追加」は、基本的に「旧主張ないし請求を維持しつつ、新主張ないし請求を加える場合」であり、判決事項の拡張に関わる。そのため、追加的変更は、訴訟対象を変化させる可能性を内在し、「紛争（ないし訴訟）の不変性」とも正面から抵触しうる。したがって、本書の関心からは、追加的変更のみを検討すれば十分であろう。

1　追加的変更の態様

国際司法裁判所において、請求訴状提出後の手続進行中に追加的に主張される内容としては、管轄権の基礎と請求事項とがある。申立ての修正・変更の文脈において、両者（管轄権の基礎および請求事項）は、従来、区別されずに論じられてきた。しかし、管轄権の基礎の追加は、固有の意味での「訴えの変更」とはいえない。なぜなら、管轄権の基礎の追加のみでは、請求主題の減縮・拡張がそこから直接に帰結するわけではないからである。ただし、こうした追加が管轄権に関する限りにおいて裁判所の判断対象に影響を与えることは否定できず、かつ判決事項の同一性にも影響を与えるかもしれないことから、本書では「管轄権の基礎の追加」も、一応、追加的変更の一態様とし、請求事項の追加とは区別して取り扱うこととする。

(1)　管轄権の基礎の追加

原告は、同一請求に対し複数の管轄権の基礎を主張することが可能である。そもそもこうした主張は提訴時（請求訴状提出時）においてもなされうるのであり、「管轄権の基礎の複合的存在」とも呼ばれている(93)。しかし、ここでの問題は、複数の管轄権の基礎を主張すること自体にではなく、そうした主張が**手続進行中**になされたと解される場合の受理可能性に関してである。

同問題に関し、国際司法裁判所における先例としては、まずノルウェー公債事件が挙げられよう。本件において、原告フランスは、選択条項受諾宣言に加え、手続中で1904年のフランス・ノルウェー仲裁裁判条約および1928年９月26日のジュネーヴ一般議定書を援用した。これに対し、裁判所は、「(書面および口頭手続での上記管轄権の基礎への言及は、) フランス政府の請求が、管轄権の問題に関する限り、上記条約および議定書に基づいていたことを証明するのに十分と見なすことはできない。フランス政府がその基礎に立って手続を進めようとしたのであれば、そのことをはっきりと宣言したであろう」と述べ、フランス政府の援用意思が不十分であることを理由に管轄権の基礎の追加的主張を却下したのであった(94)。

上記事例にも言及したニカラグア事件においては、管轄権の基礎の追加的変更に関し、より原理的な考察を行っている。本件において、原告ニカラグアは、請求訴状においては選択条項のみを主張していたが、同条項に対する被告米国の（多数国間条約に関する）留保を考慮し、1956年友好通商航海条約を管轄権の補完的基礎として申述書において援用した。同主張に対し裁判所は、「請求訴状に1956年条約が管轄権の追加的基礎として挙げられていなかったこと自体は、申述書における同条約への依拠を禁止しない」のであり、「管轄権の追加的基礎は、後に裁判所に留意されうる」と述べて、手続中に管轄権の追加的基礎を主張することを認めたのである(95)。

ニカラグア事件における上記原則は、ジェノサイド条約適用事件において、管轄権の追加的基礎に関する裁判所の最終的認定権をより明確にした形で確認されたといえる。本件の仮保全措置第２申請において、原告ボスニア・ヘルツェゴビナが請求訴状に記載した「修正権の留保」(96)に依拠して管轄権の基礎を追加したことに対し、裁判所は以下のように述べて、同留保の効果を否定し、管轄権基礎追加の有効性は裁判所の認定に服すことを確認したのである。

「原告は、単に請求訴状を改訂・補足・修正する権利を留保することによって、請求訴状に言及されていない管轄権の追加的基礎を援用する権利を自らに与えることはできないのであり、必要であれば、そうした請求の有効性は手続の適切な段階において裁判所が決定するであろう」[97]。

そして、先決的抗弁においては、管轄権の追加的基礎に関する主張それ自体に対して被告の異議もなかったこともあり[98]、手続上、同主張は許容されたが、上記原則に基づくと見られる裁判所の認定権行使により、各文書内容を判断した上で管轄権は否定されたのであった[99]。

以上の諸事例から、援用の意思が明確でありさえすれば、管轄権の基礎を追加する主張が存在するのであり、その場合は、同主張が手続上の理由で却下されることはないように思われる。ただし、同主張の受理は裁判所の認定に服すため、管轄権の基礎の追加が棄却される可能性はある[100]。

⑵　請求事項の追加

請求事項の追加は、審判対象の同一性の範囲に変更を加えるという固有の意味での「訴えの変更」を構成する。したがって、請求事項が「追加」されたとみなすためには、請求訴状中の「請求」に実質的に包含されていない請求事項（新請求）でなければならない。なぜならば、“追加”される請求事項が請求訴状中の「請求」に包含されていると見なされるならば、請求は客観的に前後同一のままであり、請求事項の追加的変更はないと考えられるからである（いわゆる「潜在的請求（demandes virtuelles）理論」）。

こうした「請求」の拡大的解釈は、ポーランド領上部シレジアにおけるドイツ人の利益事件において早くも見られる。本件において常設国際司法裁判所は、「請求訴状中の“申立て”（「請求」）の実質に影響を与えない“新たな”申立てであれば、もとの用語を置き換え、それが主たる申立てになる」と指摘し、「いわゆる補助的申立てが、請求訴状中の“申立て”（「請求」）と実質的に同じかどうか（括弧内筆者補足）」を検討したのであった[101]。

そして、国際司法裁判所も、ナウル燐鉱事件におけるイギリス燐鉱業コミッショナーの海外資産に対する請求に関し、請求の受理に関する判断の前半部分にて同様の審査方法を採用している[102]。裁判所は、形式面から同請求が請求訴状中で提示された「請求」との関係で新請求であると判断した後、実質的に同請求が原請求（請求訴状中の「請求」）に含まれていたと考えられるかを考察したのであった。実質面の判断に際し、裁判所は申述書でなされた請求と“請求訴状の一般的文脈”との連結は必ずしも否定しなかったが、当該請求が請求訴状に潜在する請求であると見なすためには「一般的な性質の関連性では十分でない」と述べ、関連性の判断基準として２つの先例を援用している(103)。

その１つはプレア・ビヘア寺院事件である(104)。本件において、原告カンボジアは、プレア・ビヘア寺院に対する自国の主権の確認および被告タイの軍隊の撤退を求めて提訴し(105)、口頭手続中に同寺院から被告が持ち去った古美術品の返還請求を追加した(106)。他方、被告タイは、同請求は請求訴状および書面手続において原告が提出した請求の拡張であり、裁判所はこれを審査するよう求められないとして、同請求の受理可能性を争ったのであった(107)。これに対し裁判所は、同返還請求は、「主権の請求それ自体に黙示的に含まれる（implicit in)、ないしはそれから帰結する（consequential on)」請求であると判示し(108)、被告側に返還義務があることを確認したのである(109)。ここで裁判所は、日本法で言う「所有権に基づく返還請求権（いわゆる物権的請求権)」に類した法理を採用しているといえる。つまり、口頭手続中に主張された請求でも、それが原請求において主張された権利（本件の場合は主権）の一効力であるゆえ、原請求に潜在していたものと見なされたのである。そして、その際の基準（黙示性基準）は、権利主張の次元で関連性が認められるという意味で「請求」内在的な基準であるといえ(110)、原請求の拡張とは区別されるのである(111)。

また、漁業管轄権事件（西ドイツ対アイスランド）も関連性の認定基準を示す先例として依拠されている。本件において裁判所は、以下のように述べて追加的に主張された請求（武力の威嚇または行使に伴う損害賠償請求）を受理したのであった。

「(アイスランド沿岸警備艇によるドイツ漁船への干渉および武力行使の問題は)、当事国間の争いの一部をなし、アイスランドの漁業管轄権の拡張に関する紛争を構成する。当該申立ては、請求訴状の提出後に生じた事実を基礎としているが、<u>請求訴状の主題をなす問題から直接に発生している</u>

<u>(arising directly out of the question which is the subject-matter of the Application)</u>（下線引用者）」[112]。

ここで裁判所により使用された基準（直接性基準）は、上記「黙示性基準」よりも関連性の判断基準として緩やかであるといえよう。なぜならば、多数意見の言う「請求訴状の主題をなす問題」は、請求訴状における「請求」のみならず、紛争主題をも含む概念であるように思われ、原請求と“新請求”とは「紛争」を媒介して関連性を持っていると考えられるからである。このことは、ラグラン事件における本件の援用の仕方からも伺われる。同事例において、裁判所は、第３申立（仮保全措置違反）に関して、「第３申立は、裁判所がすでに管轄権を持っている領事関係条約選択議定書第１条の範囲内の**紛争から直接に生じる**（arise directly out of the dispute）争点に関係している。」と述べているのである[113]。後述するように同定式は、紛争の変質禁止を論ずる際にも援用されてもおり、「請求」のみが唯一の基準として機能している訳ではないことを示唆する[114]。したがって、漁業管轄権事件における直接性基準は、必ずしも「請求」内在的基準とはいえないように思われる。

以上、実際の適用例において、関連性の判断基準につき理論上の不明確性があるとはいえ、潜在的請求の理論により、請求事項の追加的変更は、請求訴状中の「請求」には実質的に包含されていなかった「新請求」が存在する場合にのみ観念されうるといえる。

２　追加的変更の要件

上記２態様に該当する申立ての追加的変更は、実行上、防御権の保障および紛争の変質禁止という２要件によって規律されて来たように思われる[115]。それでは以下、それぞれの要件が判例上形成されてきたことを確認し、それらが如何なる考慮を基礎としているのかを明らかにしたい[116]。

⑴　防御権の保障

本要件は、手続上の大原則である「当事者の平等」から演繹され、「不意打ちの禁止」をその主な趣旨としていると解される(117)。そして、本書に言う防禦権の保障とは、まずは他方当事国の申立てに対する意見陳述の機会が与えられていたか否かの問題であるといえる。

申立ての変更につき、こうした要件が課されることは、常設国際司法裁判所の初期の判例から明らかである。早くも中国とベルギーの条約廃棄事件において、答弁書提出前の申立ての変更は裁判所の決定により可能であると述べられ(118)、マヴロマチスのエルサレム特許の改訂事件（管轄権）では、「**被告が抗弁の基礎としえた**文書（申述書）中の申立てを検討の基礎とする」とされた(119)。これらの事例は、被告国に意見陳述の機会が保障されている限り、申立ての変更が許容されうることを前提にしているように思われる。そして、ホルジョウ工場事件において、裁判所は意見陳述機会の保障が申立て変更の要件であることを明確に確認するに至ったといえる。ホルジョウ工場（賠償請求）において、原告ドイツが、その本案に関する申述書中で請求訴状における“申立て”（「請求」）を修正する申立てをなしたことに対し(120)、裁判所は、その管轄権段階で「同修正は、書面手続の最初の書面で－つまり、規則38条により、被告がまだ先決的抗弁を提出する完全な自由を保有しているときに－なされたため、いかなる抗弁もその修正に対しては提出できない」(121)と述べ、さらに本案段階においては「確立した先例」として、「**他方当事者が修正された申立てについて常に意見陳述の機会を持たねばならないということのみを要件として**、申述書および答弁書においてのみならず、書面手続中のその後の書面および口頭手続中になされた宣言においても、当事者が自らの原請求を修正することを認め」たのである(122)。

以上より、「他方当事国に意見陳述の機会が与えられていれば、申立ての変更は可能である」という原則が、常設国際司法裁判所期には確立していたものと考えられる(123)。ただし、「きわめて形式的な小さな変更の場合には、相当に遅い手続段階での変更であっても、意見陳述の機会を与えることによって足りるであろうが、実質的な内容の変更あるいは請求事項の場合には、それでは十分ではないことがありうる」(124)との指摘もあり、防禦権保障の内容が意見陳述の機会に尽きるのかは検討を要しよう(125)。さらに、国際司法裁判所では防禦権の保障を独立した要件として明示に言及した事例はみられない[126]。確かに、それは同要件が関係しうる事例がなかったからといえるかもしれないが[127]、裁判所は同要件の充足のみをもって申立ての変更を受理するわけではないようにも思われる。したがって、原則は「少なくとも他方当事国に意見陳述の機会が与えられないならば、申立ての変更は許されない」と理解されるべきであろう。

⑵　紛争の変質禁止

本要件も被告保護をその目的としていることは否定できないとはいえ[128]、申立て変更の内容に限界を画するという点で上述の要件（防禦権の保障）とは異なる。つまり、紛争の変質を招く申立ての変更は、従来の「審理の有効性」、さらには「管轄権の基礎」や「第三国の訴訟参加」に影響を与えうるのである[129]。

紛争を変質させるような申立ての変更は許されないという原則が、判例上、現れたのは、常設国際司法裁判所のベルギー商事会社事件においてである。本件において、原告ベルギーは、その請求訴状および申述書において「仲裁判決の履行拒否による国際義務違反の確認および損害賠償」を求めていた。しかし、被告ギリシアが、答弁書において仲裁裁判判決の既判力を認め、財政困難による不可抗力を理由とした抗弁をなしたため、ベルギーの最終申立ては、上記請求に代えて、「仲裁判決の確定性および拘束性の確認」へと大幅に変更されたのであった。こうした事態に対し、裁判所は、以下のように述べて、「紛争の変質禁止」原則を定式化したのである。

> 「口頭手続が終了するときまで、申立てを修正することができるという当事者の自由は、合理的に、かつ請求書に紛争主題を示すべき旨定める裁判所規程40条および（1936年規則）規則32条２項を害しないように解釈されなければならない。裁判所は、これまでこの自由の限界を決定する機会を持たなかったが、請求訴状によって付託された紛争が、申立ての変更によって、性質の異なる別の紛争に変質されることを原則として認めることはできない」[130]。

ただし、本件における変更は、裁判所により却下されたわけではない。この点、裁判所は、「本件の特殊な事情、特にギリシア政府（被告国）の代理人から異議がなかったということによって、広い見解をとり、この訴訟を不正規なものと見ないのが適当である。」[131]と判示した。つまり、本件での変更が却下されなかったのは、要件が充足されていた（紛争の変質がなかった）からではなく、あくまで被告による異議の欠如という事由による[132]。この判断からは、（黙示も含む）被告の同意が存在する場合、この要件の充足を不要と解する余地があるといえる[133]。確かに、同要件を被告保護を主眼とする要件と見るならば、被告の同意の存在により、「不意打ち」はそもそも問題にならず、管轄権に関しても応訴管轄の法理（*forum prorogatum*）により正当化されうるであろう。このように同要件が実際には適用されなかったとはいえ、申立ての変更による紛争の変質が原則的に禁止されていることは本件において明らかにされたのであった。

国際司法裁判所においても、ノルウェー公債事件におけるリード判事の個別意見に上記原則と同様の発想が垣間見られる。本件において、原告フランスは請求訴状にて金約款の存在とそれに基づく支払いを請求として掲げていたが、口頭手続中に原告は同国の最終申立てが①非差別的取り扱い②一方的変更の禁止③金約款に基づく判決、という３請求を含むとの主張をなした。これに対し、被告ノルウェーは、原告の主張はベルギー商事会社事件判決の原則に鑑みて却下されるべきと異議を唱えたのであった。同問題に関しリード判事は、判例上も口頭手続終了時まで当事国が申立てを修正する権利を持つことを認めつつも、同権利は２つの制約に服すると論じた。とりわけ、第２の制約は、「申立ての修正は、裁判所に性質の異なる新たな紛争を提起する原告による試みであってはなら」ず、「書面および口頭手続中において、被告あるいは両当事国によって（請求の）新たな要素が紛争に繰り込まれないならば、修正された申立ては受理されない」というものであり、ここにはベルギー商事会社事件の定式の影響があるものと考えられる[134]。ただし、同判事は、本件において紛争の変質は生じていないと判断している[135]。また、漁業管轄権事件（西ドイツ対アイスランド）におけるウォルドック判事も、西ドイツ漁船に対するアイスランドの干渉行為に起因する損害賠償請求の追加につき、「請求訴状により開始された手続の当事者は、申立ての修正が**紛争の主題を変更する効果を持たない限り**、申立てを修正する自由を許される。」(136)との原則を指摘し、本件に関しては、「申立が基礎とする事実は、提訴後に生じており、それゆえ当該請求は事件に新たな要素を導入している。しかし、請求訴状で裁判所に持ってこられた紛争が性質の異なる他の紛争に変化したようには思われない。」(137)と述べた。上記２つの個別意見は、ともに紛争の変質が生じていないとしている点に特徴がある。ただし、これらはあくまで個別意見での言及であり、これをもって国際司法裁判所が同要件を受容していると評価するのは早計であるかもしれない。しかも、両件とも裁判所の多数意見はこうした要件に一切ふれておらず、ノルウェー公債事件を留保の適用により管轄権段階で却下し、漁業管轄権事件では「紛争の変質」ではなく、上述したように管轄権の文脈で潜在的請求の理論を適用して処理したのであった。確かに、後者の事件は、「請求の問題と管轄権の問題の垣根がほとんどない事例」(138)でもあり、実際、逮捕状事件においては漁業管轄権事件が「紛争の変質」の文脈で援用されている(139)。しかし、紛争の変質禁止要件の先例とみなすのは適切ではないと考える。

文言上、多数意見が紛争の変質禁止という要件に言及するにいたったのは、ニカラグア事件である。本件において、原告ニカラグアは、請求訴状では選択条項のみを援用していたが、同条項に対する米国の留保（多数国間条約に関する留保）を考慮して、申述書で1956年友好通商航海条約を管轄権の基礎として追加的に主張した(140)。これに対し被告米国は、当該条約が請求訴状に記載されていなかったことを根拠として原告の追加に異議を唱えたが(141)、裁判所は２つの要件を付しつつ追加された管轄権の基礎を考慮できると判示した(142)。その際に指摘された要件の１つが、ベルギー商事会社事件での定式であり、裁判所は「本件において、これら要件はともに充足されている」とのみ述べて原告ニカラグアによる管轄権の基礎の追加を認容したのであった(143)。

しかし、本件における同要件の援用が妥当であるかは疑問なしとしない。なぜなら、本件は管轄権の基礎を追加した事例であり、紛争の変質禁止という実体的要件が管轄権の基礎のみを追加する場合に機能しえないように思われるからである[144]。確かに、管轄権の基礎が異なる請求を「同じ紛争ではない」と解することは理論上可能であろうが[145]、それは必ずしも性質の異なる別の紛争であるということを意味するわけではない。紛争の性質が異なるかどうかの判断は請求事項の内実と関連する問題であり、理論上、新請求が紛争の変質を引き起こすならば、管轄権の基礎の追加に関係なく許されないであろうし、変質を引き起こさないならば、管轄権の基礎の追加は紛争の変質とは別個の問題として評価されうる。したがって、「紛争の変質禁止」要件は「新請求（内容）」にのみかかりうると解すべきであろう。事実、本件において、条約に基づく請求の受理可能性は、「条約と請求との合理的関連性」、つまりは条約により管轄権が設定されうる事項と**原請求**との関係を検討するという観点からのみ検討されており[146]、「原請求が条約の設定する管轄権の範囲内かどうか」という管轄権の問題に収斂されている。ここでは、1956年条約が設定する管轄権の範囲内に原請求が減縮されるとはいえ[147]、新請求は存在せず、紛争の変質が生じる余地はない。

結局、国際司法裁判所における「紛争の変質禁止」要件の実質的適用は、ナウル燐鉱事件が初めてであったといえる。本件において、原告ナウルは、本案の申述書中で、イギリス燐鉱業コミッショナーの海外資産のうち、オーストラリアへの割当分について法的権限があるとの請求を追加的に提示した[148]。これに対し、被告オーストラリアは、上記請求は申述書で新たに提示されたものであり、（信託統治協定の不遵守および燐鉱地の修復に関する）原請求との連結も存在せず、紛争を変質させる請求でもあるから受理され得ないと主張した[149]。この問題に関し、裁判所は、まず上述したように当該請求が原請求に潜在するものとはみなし得ないと判示した上で[150]、「さらに」として以下のように述べた。

「もしこのような紛争の本案につき審理しなければならないとすれば、裁判所が最終的に判決を下すことになる紛争の主題は、請求訴状で最初に付託された紛争の主題とは必然的に異なるものとなると信ずる。燐鉱業コミッショナーの海外資産の紛争を解決するためには、裁判所は原請求とは無関係と思われる一連の問題、例えば資産全体の正確な構成やその起源といった問題を検討しなければならず、またこの種の問題の解決のためには、コミッショナーが行った活動——それは1967年７月１日（ナウルが実際に採鉱上の権益を享受した期日）以降の時間的なものだけではなく、ナウル以外の場所（オーシャン島とクリスマス島）での活動、および燐鉱石採掘以外の活動分野（海上運送）——についての検討を要することになる」(151)。

そして、裁判所は、当該請求を受理すれば「紛争主題」が変更されたものになるため、受理し得ないと判示したのであった(152)。上記判断において、抽象的に紛争の変質が論じられるのではなく、裁判所は、具体的に新請求の基礎となる事実が原請求の基礎となる事実と無関係であることを挙げて、「紛争主題」の変質と認定している。この推論から、紛争主題があくまで「事実」次元の問題として把握されていることは明らかであろう。また、本件における管轄権の基礎は選択条項であったため、管轄権上での事項的制約は全くなかったと考えられる。したがって、本件は、管轄権の問題から分離された形で紛争の変質禁止要件が適用され、新請求が却下された事例であると評価できる。

以上より、判例上、紛争ないし紛争主題を変質させるような新請求は受理不能であることは国際司法裁判所において確立しているといえる(153)。そして、このことは、申立ての変更につき、権利主張とは異なる、「紛争主題」という事実要素が規律基準とされていることを意味しているのである(154)。

３　小　　括

訴えの変更が如何なる範囲で許容されるべきかの考慮に関連する判断要因は、原告の利害、被告の利害、裁判所の客観的利害(155)を保護するという３方面に見いだされるべきであるが、これら３者の要請の間には緊張関係が見られる。

まず、変更に肯定的な要因としては、訴訟開始当初における請求構成の問題が挙げられよう。訴訟の開始の当初から適切な請求を定立することは常に容易なわけではなく、手続を開始しておき、事案の解明が裁判所の関与を受けながらいくらか進んでから原告の求めるべき救済に最もよく適合した内容を持つ請求が提出されてよいという仕組みの方が原告にとっては望ましい。それだけではなく、手続進行中の法律状態の変化に対応して請求を修正する必要の生じることもあり得る。これらは、司法的処理の実効性を事実上向上させると考えられ、主に原告の利益に適う考慮であるとともに、裁判所の利益にも関係しうるものといえる(156)。

他方、変更に否定的な要因としては、本文で挙げた要件である「防禦権の保障」と「紛争の変質禁止」とがある。前者は、不意打ちにより被告の利益が侵害されることがないようにとの考慮が強く働いていると考えられ、原則として意見陳述の機会が保障されていれば足りる。つまり、主張のなされる時機こそが問題であり、主張内容とは無関係に（請求事項の追加のみならず、管轄権の基礎の追加においても）考慮される要因である。また、後者の考慮要因も、請求訴状中の「請求」とは異なる請求（新請求）のみを対象とし、不意打ち防止に関わりうるという点で被告の利益保護にも資するといえる(157)。ただし、同要因は裁判所の利益にも関係している。なぜなら、紛争（紛争主題）を変質させる請求は、裁判所に原請求とは無関係な問題の検討を強い、従来の訴訟資料を当該新請求の審理に利用することもできないことから、迅速・適正な処理と言う意味での「良き司法運営」を害するからである。この点に「紛争（ないし訴訟）の不変性」という訴訟の形式主義的要素の価値が見いだされよう。

以上から、国際司法裁判所は、原則として申立ての変更を許容する制度を採用しつつ、如何なる変更に対しても意見陳述の機会を保障すると同時に、新たな請求内容の提示を伴う変更については、事実要素（紛争主題）の検討にまで遡ることで上記諸考慮要因の調整を図っていると評せる。

【本章のまとめ】

請求（*petitum*）は、口頭手続終了時まで、つまり「最終申立て」まで、確定しない。換言すれば、最終申立てまでは、裁判所の判決事項を法的に拘束することはない。国際司法裁判所においては、訴訟の冒頭（請求訴状提出時）から請求が固定されているわけではなく、それは原告による一連の申立てによって漸次明確化・具体化されることになる。そして、そうした明確化・具体化の過程を規律する権限は裁判所に属しており、如何なる内容（管轄権の基礎および請求事項）の追加的変更についても最終的認定権は裁判所が持つと考えられる。

ただし、裁判所による当該認定は、まず、請求訴状における「請求」に影響を受けうる。確かに「請求」は、訴訟法上、その不特定が必ずしも提訴の有効性に関係するものではない。しかし、その機能は後の手続における請求を規律しうる点に見いだされるのであり、申立ての変更に起因する請求が、請求訴状における「請求」から「黙示的に」（プレアビヘア寺院）ないし「直接に」（漁業管轄権事件）引き出されうる場合には請求事項の拡張は認められない。ここに請求事項を規律する際の一基準として「請求」が作用していると考えられる。ただし、ここで「請求」は、受理を認容する際の基準を提供するにすぎず、不受理の基準としては機能しえない点には注意を要する。つまり、請求訴状中の「請求」に一致しないことのみをもって不受理とはされないのである。

そうした新請求の不受理に際しては、判例上、防禦権の保障と紛争の変質禁止という2要件により規律されてきたといえる。前者は、その性質上、請求内容には関知しない要件であり、その対象が新請求に限定されない射程を持つのに対し、後者は、「新請求」の追加的変更のみを規律する要件であると考えられる。そして、ここにこそ、紛争主題が請求の画定に一定程度関与していることを見いだせよう。つまり、紛争主題が申立ての変動範囲を画する“枠”として捉えられるのである(158)。これは、日本民事訴訟法にいう「請求の基礎」概念に類似した機能を果たしているように思われる(159)。さらに、紛争主題は、不受理とする際の基準としての考慮（紛争の変質禁止）のみならず、上記で「請求」が担うとした機能領域（潜在的請求）においても、「請求訴状の主題」に包含される形で考慮される傾向にもあり、紛争主題が請求の変動に与える影響は大きい。

しかし、理論上、紛争主題は、権利主張として把握される請求のような法的概念ではなく、事実としての「係争状態」である。したがって、国際司法裁判所は請求の画定につき、当事国の権利主張よりも、紛争事実を重視した柔軟な制度を採用していると結論づけられる(160)。つまり、同裁判所では、紛争主題という事実の提示により訴訟が開始され、訴訟進行中の請求変動も裁判所が解釈・認定する紛争主題により規律されるのである。このことは、まさに訴訟の形式主義性（不変性原則）と国際紛争の複雑性の妥協点であり[161]、国際訴訟手続の柔軟性を根拠づけるものと考えられる。

【注】

（1）　民事訴訟法第133条第2項。中野貞一郎他編『新民事訴訟法講義［第2版]』（有斐閣，2004）37-38頁。

（2）　中野他編・前掲注(1)47-48頁。

（3）　中野他編・前掲注(1)49-50頁。

（4）　請求が特定されていない場合（つまり民事訴訟法第133条第2項違反の場合)、裁判所長は、原告に訴状の補正を命じなければならず（同法第137条第1項)、原告が不備を補正しないときは、訴状を却下しなければならない（同法同条第2項)。

（5）　ちなみに、「紛争主題」は付属文書で提示してもよい。*Voir* G. Guyomar, Commentaire du réglement de la Cour internationale de Justice adopté le 14 avril 1978: interprétation et pratique (1983), p. 233.

（6）　*Voir* Affaire de l'Interhandel, Arrêt du 21 mars 1959, CIJ Recueil. 1959, (M. Basdevant, Declaration), pp. 30-31.

（7）　ドゥビソンやギヨマールは、両者は異なるとだけ指摘している。*Voir* M. Dubbisson, La Cour international de Justice (1964), p. 210; G. Guyomar, *supra* note 5, p. 236.

（8）　*Voir* M. Scerni, *La procédure de la Cour permanente de Justice internationale*, RdC (1938-III), p. 624.

（9）　O. Aslaoui, Les conclusions et leurs modifications en procédure judiciaire internationale (1963), pp. 34-36 et 98.

（10）　O. Aslaoui, *id.*, p. 31.

（11）　O. Aslaoui, *id.*, p. 98.

（12）　G. Abi-saab, Les exceptions préliminaires dans la procédure de la cour internationale (1967), p. 49, *esp.* note 1.

（13）　ここに「救済（remedy)」の要求も含まれうると解される。*See* S. Yee, *Article 40, in* A. Zimmermann *et al.* (eds), The Statute of International Court of Justice: a commentary (2006), p. 879. なお、請求の法的性質決定は、裁判所の職責である。*Voir* Affaire relative a l'usine de chorzów (demande en indemnité), (fond), CPJI Sér. A, No. 17, pp. 25-29. したがって、請求の特定に際

して原告国が権利などの性質を法的述語でもって表現することは決定的ではない。このことを、ブラウンリーは、「請求訴状における法的範疇の選択やその特定は、裁判所の正式な取り扱いを受けない事項である」と述べ（I. Brownlie, *Causes of Actions in the Law of Nations*, 50 BYIL（1979）, p. 37）、ドゥビソンも「訴訟当事国による法性決定は、裁判所に必ずしも採用されるわけではない」と指摘する（M. Dubbisson, *supra* note 7, p. 216）。

(14) Affaire du pêcheries, Arrêt du 18 décembre 1951, CIJ Recueil 1951, p. 126.

(15) J. Basdevant, *Quelques mots sur les “conclusions” en procédure internationale, in* Scritti di diritto internationale in onore di Tomaso Perassi（1957）, p. 175.

(16) O. Aslaoui, *supra* note 9, p. 98.

(17) *Voir* J. Basdevant, *supra* note 15, pp. 178-179; S. Rosenne, The Law and Practice of the International Court 1920-1996（3rd Ed., 1997）, p. 1266.

(18) *See* S. Rosenne, *id.*, p. 1270.

(19) Certains intérêts allemands en houte-silésie polonaise, fond, CPJI Sér. A, No. 7, pp. 34-35.

(20) *See* S. Rosenne, *supra* note 17, p. 1270. *Voir aussi* Affaire Haya de la Torre, Arrêt du 13 juin 1951, CIJ Recueil. 1951, pp. 78-79.

(21) *See* S. Rosenne, *supra* note 17, p. 1271. なお、同様の理由により、否定形の申立ても、「申立て」として不十分であるとされる。*See also* Ambatielos case（merits: obligation to arbitrate）, Judgment of May 19th, 1953, ICJ Reports 1953, p. 16.

(22) 抽象的な問題（請求）についても、申立てとしての適格性が疑問視されうる（杉原高嶺『国際司法裁判制度』（有斐閣，1997）212頁）が、「紛争」と関連している限り受理されうる。*See* I. Shihata, The power of the International Court to determine its own jurisdiction（1964）, pp. 216-291, *esp*. p. 218; 玉田大「国際裁判における宣言的判決㈡・完」法学論叢153巻3号（2003）74-76頁。

(23) *Voir* O. Aslaoui, *supra* note 9, pp. 98-99.

(24) A. H. Feller, *Conclusions of the Parties in the Procedure of the Permanent Court of International Justice*, 25 AJIL（1931）, p. 492. なお、31年規則35条も参照。

(25) S. Rosenne, *supra* note 17, p. 1267.

(26) *See* PCIJ Ser. D, No. 2, p. 200. *Voir aussi* O. Aslaoui, *supra* note 9, p. 99.

(27) *Voir* O. Aslaoui, *supra* note 9, pp. 22-23.

(28) *Cf*. seizing ＝提訴。*See* G. Fitrzmaurice, The Law and Procedure of the International Court of Justice（1986）, p. 440, *esp*. note 2.

(29) *See* H. Thirlway, *The Law and Procedure of the International Court of Justice 1960-1989, part nine*, 69 BYIL (1998), pp. 10-12. なお、裁判所は、ノッテボーム事件において、「請求訴状の提出は、義務的管轄条項が請求訴状中の請求に関してその効果を現すために要求される条件である。」と述べている。*Voir* Affaire Nottebohm, (exceptions préliminaires), Arrêt du 18 novembre 1953, CIJ Recueil 1953, p. 123.

(30) O. Aslaoui, *supra* note 9, pp. 23-26, 30.

(31) G. Abi-saab, *supra* note 12, p. 95, *esp*. note 21.

(32) *Voir* Ch. de Visscher, Aspects récents du droit procédural de la Cour internationale de Justice (1966), pp. 171-172; G. Guyomar, *supra* note 5, p. 235.

(33) *Voir* M. Scerni, *supra* note 8, p. 623; H. Thirlway, *The Law and Procedure of the International Court of Justice 1960-1989, part twelve*, 72 BYIL (2001), p. 63; S. Rosenne, *supra* note 17, pp. 1222-1223. こうした実行として、書記局段階で「請求訴状」の形式的有効性が判断された、1994年にユーゴスラビアがNATO加盟国に対して提起しようとした事例のみが引用されている。

(34) セルニは、請求の特定を「義務」と構成する。*Voir* M. Scerni, *supra* note 8, pp. 624-626. なお、杉原も請求内容は義務的記載事項であるとする。杉原・前掲注(22)194頁。

(35) *See* PCIJ Ser. D, No. 2, 3rd add., p. 156; G. Guyomar, *supra* note 5, p. 235; S. Rosenne, *supra* note 17, p. 1082.

(36) *Voir* G. Guyomar, *supra* note 5, p. 236.

(37) Case concerning the Northern Cameroon (Cameroon *v.* United Kingdom), Preliminary Objections, Judgment of 2 December1963, ICJ Reports 1963, p. 28.

(38) この解釈は、現文言の「自然な読み方」であるとも指摘されている。*See* S. Yee, *supra* note 13, p. 875.

(39) *See* S. Rosenne, *supra* note 17, pp. 1236-1237, *esp*. note 91; S. Rosenne, The World Court: What it is and how it works (5th Ed., 1995), p. 116.

(40) G. Guyomar, *supra* note 5, pp. 238-239.

(41) V. Coussirat-costere et P.M. Eisemann, *La procédure devant la juridiction internationales permanentes, in* La juridiction international permanente (1987), p. 136.

(42) Actions armées frontalières et transfrontalières (Nicaragua *c.* Honduras), compétence et recevabilité, arrêt, CIJ Recueil 1988, p. 92, para. 56.

(43) Certaines terres à phosphates à Nauru (Nauru *c.* Australie), exceptions préliminaires, arrêt, CIJ Recueil 1992, pp. 266-267, para. 69.

(44) G. Abi-saab, *supra* note 12, p. 102.

(45) Ch. de Visscher, *supra* note 32, p. 174.

(46)　S. Rosenne, *supra* note 17, p. 1068.

(47)　S. Rosenne, *id.*, p. 1067.

(48)　「請求」特定の義務性を完全に否定する場合、規則38条２項が規程40条に抵触する（したがって、無効となる）危険性が生じる。*See* S. Yee, *supra* note 13, p. 876-877.

(49)　Phosphates du Maroc, exceptions préliminaires, arrêt, 14 juin 1938, CPJI Sér. A/B, No. 74, p. 16.

(50)　*Id.*, p. 21.

(51)　*Voir* G. Abi-saab, *supra* note 12, pp. 103-104.

(52)　South West Africa case（Ethiopia *v.* South Africa; Liberia *v.* South Africa）, Preliminary Objections, Judgment of 21 December 1962, ICJ Reports 1962, p. 344; Actions armées frontalières et transfrontalières（Nicaragua *c.* Honduras）, compétence et recevabilité, arrêt, CIJ Recueil 1988, p. 95, para. 66; Questions of Interpretation and Application of the 1971 montreal Convention arising from the Aerial Incident at Lockerbie（Libyan Arab Jamahiriya *v.* United Kingdom）, Preliminary Objections, Judgment, ICJ Reports 1998, p. 26, para. 44; Questions d'interprétation et d'application de la convention de Montréal de 1971 résultant de l'incident aérian de Lockerbie（Jamahiriya arabe libyenne *c.* Etats-Unis d'Amérique）, exceptions préliminaires, arrêt, CIJ Recueil 1998, p. 130, para 43.

(53)　Frontière terrestre et maritime entre le Cameroun et le Nigéria, exceptions préliminaires, arrêt, CIJ Recueil 1998, p. 318, para. 99（強調引用者）. ちなみに、裁判所は、ロッカビー事件のみに言及している。

(54)　Affaire des Concessions Mavromatis en Palestine, CPJI Sér. A, No. 2, p. 34.

(55)　Affaire relative à certains intérêts allemands en haute-silésie polonaise,（compétence）, CPJI Sér. A, No. 6, p. 14.

(56)　*Voir* G. Abi-saab, *supra* note 12, pp. 104-105.

(57)　*Voir* G. Abi-saab, *id.*, p. 104. なお、裁判所による釈明ないし文書の再提出要請は、規程49条により基礎付けられると考える。

(58)　Case concerning the Northern Cameroon（Cameroon *v.* United Kingdom）, Preliminary Objections, Judgment of 2 December 1963, ICJ Reports 1963, p. 28.

(59)　Actions armées frontalières et transfrontalières（Nicaragua *c.* Honduras）, compétence et recevabilité, arrêt, CIJ Recueil 1988, p. 92, paras. 55-56.

(60)　G. Abi-saab, *supra* note 12, p. 103.

(61)　ちなみに、財産事件の先決的抗弁において被告ドイツは、原告リヒテンシュタインの請求訴状の「請求」は内容が不明確であり、かつ申述書によっても具体化されておらず、規程40条１項および規則38条２項の要件を満たさないため受理不能である（第４抗弁）、と主張した。*See* Preliminary Objections of Federal Republic of Germany, pp. 68-70, paras. 115-117. 確かに裁判所は、ドイツの第2抗弁（時間的管轄権の欠如）を認容したため、この点に対して直接の判断は下さなかったが、「リヒテンシュタインの請求（claims）がドイツにより積極的に否認された」ことをもって紛争を認定していることから、上記ドイツの主張を消極に解していると考えられる。Case concerning Certain Property (Liechtenstein *v.* Germany), Preliminary Objections, Judgment of 11 February 2005, paras. 25-26 and 53.

(62)　「判決事項」とは、「裁判所が判決すべき事項」（中野貞一郎他編『民事訴訟法講義［第三版］』（有斐閣，1995）455-456頁）であり、「裁判所の判決権限が及ぶ範囲を示す」（青山善充・伊藤眞編『民事訴訟法の争点［第3版］』（有斐閣，1998）136頁）概念である。

(63)　*See* S. Rosenne, *supra* note 17, p. 1269.

(64)　*Voir* Ch. de Visscher, *supra* note 32, p. 59. なお、*non ultra petita* 規則の詳細は、本書第3章を参照。

(65)　PCIJ Ser. D, No. 2, 3rd add., p. 74（強調引用者). なお、原文では“申立て”（conclusions, Submissions）という用語が使われているが、請求訴状に申立ては要求されないため、これは本書にいう「請求」と同義とみるべきであろう。

(66)　ちなみに、付託合意に基づく場合は、申立てよりも当該付託合意が優越する。*Voir* Affaire du《Lotus》, CPJI Sér. A, No. 10, p. 12.

(67)　Affaire des concessions Mavromatis à Jérusalem (réadaptation), (compétence), CPJI Sér. A, No. 11, p. 11.

(68)　Case concerning Right of Passage over Indian Territory (Merits), Judgment of 12 April 1960, ICJ Reports 1960, p. 27.

(69)　Fisheries Jurisdiction (Spain *v.* Canada), Jurisdiction of the Court, Judgment, ICJ Reports 1998, p. 448, para. 29.

(70)　「訴訟行為」とは、「訴訟手続に固有な法効果をその本来の効果として生ぜしめる意思活動」と定義される。詳細は、中野他編・前掲注(1)232-233頁を参照。

(71)　O. Aslaoui, *supra* note 9, p. 98（強調引用者).

(72)　例えば、仮保全措置指示の判断に際しては、「請求」により、保全されるべき（本案の）権利が同定されると考えられる。*Voir* Affaire relative a certaines procédures pénals engagées en France (République du Congo *c.* France), mesures conservatoire, ordonnance du 17 juin 2003, CIJ Recueil 2003, pp. 107-109, paras. 22-29, *esp.* para. 28.

(73)　Affaire relative à l'administration du price von Pless (exception préliminaire), ordonnance du 4 février 1933, CPJI Sér. A/B, No. 52, pp. 13-14.

(74)　Certaines terres à phosphates à Nauru (Nauru *c*. Australie), exceptions préliminaires, arrêt, CIJ Recueil 1992, p. 267, para. 70. 本件の詳細は後述第２節**１**(2)を参照。
(75)　*Id*., p. 265, paras 64-65.
(76)　*Id*., p. 266, para. 67.
(77)　*See* S. Rosenne, *supra* note 17, p. 1269.
(78)　*Id*., (強調引用者).
(79)　Aerial Incident of 3 July 1988 (Islamic Republic of Iran *v*. United States of America), Order of 13 December 1989, ICJ Reports 1989, p. 132.
(80)　*Id*., p. 134. なお、同問題につき、学説は否定的に解していた。*Voir* G. Guyomar, *supra* note 5, p. 508; S. Rosenne, Procedure in the International Court: A Commentary on the 1978 Rules of the International Court of Justice (1983), p. 163.
(81)　G. Abi-saab, *supra* note 12, p. 214.
(82)　シャハブディーン判事は、申述書を通じて請求訴状を補完する原告の権限にも言及し、被告の権限にのみ言及する裁判所はバランスを欠いていると指摘する。Aerial Incident of 3 July 1988 (Islamic Republic of Iran *v*. United States of America), Order of 13 December 1989, ICJ Reports 1989, p. 159 (Judge Shahabudeen, Separate Opinion).
(83)　*See* S. Rosenne, *supra* note 17, p. 1266.
(84)　*See* S. Rosenne, *id*., p. 1266; Ch. de Visscher, *supra* note 32, p. 61; O. Asloui, *supra* note 9, p. 123; 杉原・前掲注(22)214頁。
(85)　*See* H. Thirlway, *The Law and Procedure of the International Court of Justice 1960-1989, part ten*, 70 BYIL (1999), p. 28.
(86)　アスラウィは、同原則は訴訟手続に内在する、と指摘する。*Voir* O. Aslaoui, *supra* note 9, p. 56.
(87)　*See* I. Brownlie, *supra* note 13, p. 38.
(88)　提訴段階での請求の明示・特定が必要とされる日本法においても、原告が訴訟係属中に請求の趣旨または請求原因を変更し、同一被告に対する審判（判決）事項の同一性の範囲に変更を加えることが認められており（中野他編・前掲注(62)557頁)、「訴えの変更」と呼ばれている。
(89)　なお、「交換的変更」を独自の態様と見る説もあるが、これは「撤回＋追加」との理解が妥当であろう。日本法につき、最判昭32・２・28民集11・２・327、三ヶ月章『民事訴訟法（法律学全集)』(有斐閣、1959）140頁。後述するベルギー商事会社事件の対応からも、この見方が妥当であると考える。
(90)　杉原・前掲注(22)214頁。

(91)　申立ての撤回に関する事例は、以下の3件である。
ホルジョウ工場事件(賠償請求)(本案)　Affaire relative à l'usine de chorzów (demande en indemnité), (fond), CPJI Sér. A, No. 17, pp. 14-15.
被告ポーランドは、再抗弁書における宣言により、申立ての一つを撤回した。これに対し、原告ドイツは撤回権を争った。裁判所は、この修正（撤回）は、書面手続進行中になされ、申立ての一部「放棄（abandonment)」の形式を採ったことを指摘して、同撤回を容認したのであった。

ベルギー商事会社事件　Société commerciale de Belgique, CPJI Sér. A/B, No. 78.
原告ベルギーは、①ギリシアが仲裁判決の履行を拒絶して国際義務に違反したという主張、および②仲裁判決で定められた金額を損害賠償金と共に支払うようにとの請求、を請求訴状（161頁）および申述書（162頁）で掲げていたが、口頭弁論終結時の最終申立てには、上記2請求は存在しなかった(164頁)。裁判所は、これら請求は撤回されたとし、上記2点に対するギリシアの申立ても、「放棄」されたものとみなした（173頁)。なお、撤回に対し、被告（ギリシア）の異議もなかった（173頁)。

漁業管轄権事件（英国対アイスランド）　Fisheries Jurisdiction (United Kingdom *v.* Iceland), Merits, Judgment, ICJ Reports 1974, p. 7, para. 12.
原告イギリスは、裁判進行中に訴外で被告と締結した暫定協定を考慮して、その最終申立において、損害賠償に関する請求を撤回した。本件において、被告は欠席しており、異議を提示し得なかった。

(92)　訴えの取下げが明示になされることを要するように（規則88条および89条参照)、申立ての撤回も明示になされねばならない。したがって、以前なした申立てを再提示しなかったことは、「放棄（abandon)」とは区別される。*See* S. Rosenne, *supra* note 17, p. 1271, *esp.* note 56. なお、訴えの取下げの詳細に関しては、本書第4章を参照。

(93)　杉原・前掲注(22)128-130頁。

(94)　Affaire relative à certains emprunts norvégiens, Arrêt du 6 juillet 1957, CIJ Recueil 1957, p. 25.

(95)　Military and Paramilitary Activities in and against Nicaragua (Nicaragua *v.* United States of America), Jurisdiction and Admissibility, Judgment, ICJ Reports 1984, pp. 426-427, para. 80. 裁判所は、①援用の意思（ノルウェー公債事件）と②紛争の変質禁止（ベルギー商事会社事件）の2要件が充足されれば、当該追加的基礎を考慮に入れることができるとしたが、②の援用妥当性については疑問が残る。詳細は後述。

(96)　ニカラグア事件以降、ELSI事件を除く全事件の請求訴状に挿入されている。*See* S. Rosenne, *supra* note 17, p. 1237.

(97)　Case concerning Application of the Convention on the Prevention and Punishment of the crime of Genocide（Bosnia and Herzegovina *v.* Yugoslavia（Serbia and Montenegro）), Order of 13 September 1993, ICJ Reports 1993, p. 338, para. 28. なお、ロゼンヌは、被告保護の観点から、同アプローチの不安定さを批判する。*See* S. Rosenne, *supra* note 17, p. 1238.

(98)　最終申立てでは、そうした追加的基礎では管轄権がない旨の宣言を求めていた。*Voir* Application de la convention pour la prévention et la répression du crime de génocide, exceptions préliminaires, arrêt, CIJ Recueil 1996, p. 618, para. 36.

(99)　*Id.*, pp. 628-621, paras. 37-41.

(100)　なお、管轄権の基礎の追加に関して、仮保全措置段階（「*prima facie* 管轄権」との関係）における裁判所の認定は岐れている。上述したジェノサイド条約適用事件（第２申請）では、手続上は許容し、各文書の内容を判断して管轄権を否定した。Case concerning Application of the Convention on the Prevention and Punishment of the crime of Genocide（Bosnia and Herzegovina *v.* Yugoslavia（Serbia and Montenegro）), Order of 13 September 1993, ICJ Reports 1993, pp. 339-342, paras. 29-36.

しかし、武力行使の合法性事件（その内、ユーゴスラビア対ベルギーおよびユーゴスラビア対オランダの２件）においては、口頭弁論第２ラウンドで管轄権の基礎が追加され、裁判所は、これを手続上の要請（手続的公正の原則、良き司法運営）から却下した。*Voir* Liceité de l'emploi de la force（Yugoslavie *c.* Belgique), mesures conservatoires, ordonnance du 2 juin 1999, CIJ Recueil 1999, p. 139, para. 44; Liceité de l'emploi de la force（Yugoslavie *c.* Pays-Bas), mesures conservatoires, ordonnance du 2 juin 1999, CIJ Recueil 1999, pp. 556-557, para. 44.

他方、逮捕状事件においては、請求訴状において管轄権の基礎は全く特定されておらず、口頭弁論第２ラウンドにおいて選択条項受託宣言を援用したのに対し、裁判所は「被告側の予期」を前提に *prima facie* 管轄権を認定したのである。*Voir* Mandat d'arrêt du 11 avril 2000（République démocratique du Congo *c.* Belgique), mesures conservatoires, ordonnance du 8 décembre 2000, CIJ Recueil 2000, pp. 199-200, para. 63.

仮保全措置段階での管轄権判断は、仮保全措置の機能を如何に理解するかにも関わる問題であり、詳細な検討は本書の射程を超える。ここでは、さしあたり、仮保全措置段階における管轄権の基礎の追加に対する裁判所の認定は必ずしも一貫性を有しているわけではなく、明確な認定基準の抽出が困難であることだけ指摘しておく。

(101)　Affaire relative à certains intérêts allemands en haute-silésie polonaise, (fond), CPJI Sér. A, No. 7, p. 45.

(102)　Certaines terres à phosphates à Nauru (Nauru *c*. Australie), exceptions préliminaires, arrêt, CIJ Recueil 1992, pp. 265-266, paras. 65-67.

(103)　*Id.*, p. 266, para. 67.

(104)　Case concerning the Temple of Preah Vihear (Cambodia *v.* Thailand), Merits, Judgment of 15 June 1962, ICJ Reports 1962, p. 6.

(105)　*Id.*, p. 9.

(106)　*Id.*, pp. 10-11.

(107)　*Id.*, p. 14.

(108)　*Id.*, p. 36.

(109)　*Id.*, p. 37.

(110)　ただし、田中判事とモレリ判事の共同宣言は、①時機を失しており、②紛争主題も異なるとして、多数意見とは異なる理論構成を採った。*See id.*, pp. 37-38.

(111)　「原請求の拡張」の場合、主張された段階で受理不能とされる。*See id.*, p. 36.

(112)　Fisheries Jurisdiction (Federal Republic of Germany *v.* Iceland), Merits, Judgment, ICJ Reports 1974, p. 203, para. 72. なお、ウォルドック判事もその個別意見において、「請求訴状中の第1申立て（漁業水域の一方的拡張は国際法の基礎を欠き、西ドイツに対抗できないことの確認と宣言）の主題をなす事項から直接に生じている。」と指摘している。*See id.*, p. 232 (Judge Waldock, Separate Opinion).

(113)　LaGrand case (Germany *v.* United States of America), Merits, Judgment of 27 June 2001, ICJ Reports 2001, pp. 483-484, para. 45（強調引用者）.

(114)　Mandat d'arrêt du 11 avril 2000 (République démocratique du Congo *c.* Belgique), arrêt du 14 février 2002, ICJ Reports 2002, p. 16, para. 36.

(115)　判例において、「訴訟遅延の防止」は追加的変更の要件とは考えられていないようである。ただし、理論上、「良き司法運営」概念に包含することで要件化することは不可能ではないであろう。また、「紛争の変質禁止」という実体的要件が、管轄権の基礎の追加的変更についても課されうるかどうかについては、疑問が残る（後述2(2)参照）。

(116)　例外的事例として、インターハンデル事件とヤンマイエン事件がある。前者の事件では、原告の追加的請求（インターハンデル財産の非敵国人性ならびに被告による同財産返還拒否がワシントン協定および一般国際法上の義務に違反することの宣言）を「単なる修正ではない。本案に関わる新請求」であると判断し、先決的抗弁段階の手続に特殊な理由（本案手続が停止されている。1945年規則62条3項参照）で却下した。（*Voir* Affaire de l'Interhandel, Arrêt du 21 mars 1959, CIJ Recueil 1959, p. 20.）

他方、後者の事件では、原告が口頭手続中に具体的線引きを求める追加的代替的申立てを行っていたことに対し、裁判所は両当事国の請求を棄却した後、「当事国に具体的な線引きを委ねることは紛争を決着させるという裁判所の責務を果たすことにならないと考える」と述べて、自ら境界を画定する作業に進んだのであった。（*See* Maritime Delimitation in the Area between Greenland and Jan Mayen, Judgment, ICJ Reports 1993, p. 78, para. 89.）

(117)　そのため、当事国は書面手続においてなされるべき申立てを、口頭手続に持ち越すことも許されない。*Voir* Affaire relative à la juridiction territoriale de la Commission internationale de l'Oder, CPJI Sér. A, No. 23, p. 45. *See also* S. Rosenne, *supra* note 17, p. 1268.

(118)　Affaire relative à la denonciation du Traité sino-belge du 2 novembre 1865, CPJI Sér. A, No. 8, p. 10.

(119)　Affaire des concessions Mavrommatis à Jérusalem（réadaptation），（compétence），CPJI Sér. A, No. 11, p. 11.（強調引用者）.

(120)　請求事項の追加の観点からは「訴外での相殺禁止」に関する請求が重要であろう（Affaire relative à l'usine de chorzów（demande en indemnité），（compétence），CPJI Sér. A, No. 9, p. 19; Affaire relative a l'usine de chorzów（demande en indemnité），（fond），CPJI Sér. A, No. 17, pp. 10-11）。なお、ドイツの修正に対し、ポーランドから正式な異議はなかった（Affaire relative à l'usine de chorzów（demande en indemnité），（fond），CPJI Sér. A, No. 17, p. 13）。

(121)　Affaire relative à l'usine de chorzów（demande en indemnité），（compétence），CPJI Sér. A, No. 9, p. 18. なお、同判決は、ロカルノ仲裁裁判条約の援用がかなり遅い段階でなされたことを同条約の追加的主張を却下した一要因とみているようでもあり、本章でいう手続的要件が管轄権の基礎の追加にも適用されうることを示唆しているように思われる。*Voir id.*, p. 19.

(122)　Affaire relative à l'usine de chorzów（demande en indemnité），（fond），CPJI Sér. A, No. 17, p. 7.（強調引用者）.

(123)　O. Aslaoui, *supra* note 9, p. 106.

(124)　杉原・前掲注(22)216頁。

(125)　この点につき、「紛争の変質禁止」要件の一要素として、防禦権の保障を位置づける判例がある。Mandat d'arrêt du 11 avril 2000（République démocratique du Congo *c.* Belgique），arrêt du 14 février 2002, ICJ Reports 2002, p. 16, para. 36.「裁判所は、被告の防禦準備に影響を与え、あるいは健全な司法運営の要求を害するような方法で紛争が変質したという主張を被告ベルギーは維持できない、と考える。（下線引用者）」

(126)　武力行使の合法性に関する事件（ユーゴスラビア対ベルギーおよびユーゴスラビア対オランダ）において、「手続的公正の原則」が言及されたことはあり、同原則は「防禦権の保障」を意味しているようにも思われる。*Voir* Liceité de l'emploi de la force (Yugoslavie *c.* Belgique), mesures conservatoires, ordonnance du 2 juin 1999, CIJ Recueil 1999, p. 139, para. 44; Liceité de l'emploi de la force (Yugoslavie *c.* Pays-Bas), mesures conservatoires, ordonnance du 2 juin 1999, CIJ Recueil 1999, pp. 556-557, para. 44. ただし、同事例は仮保全措置段階であり、その先例としての価値は限定的に考えるべきであろう。なぜならば、追加的基礎が管轄権を確立するかは先決的抗弁段階で再び問題にされる余地があるため、本案との関係では防禦権は保障されていると解さざるを得ないからである。

(127)　ノルウェー公債事件における原告フランスの変更は、口頭手続中になされ同要件が関係しうる事件であったが、裁判所は、ノルウェーによる自己判断留保の援用を認めて管轄権の不存在を宣言したため、この問題には触れなかった。ちなみに、本件においてリード判事は「はっきりとした変更がある場合、他方当事者は、修正された申立てに意見を述べる公平な機会を持たねばならない」と指摘し、同要件を明確に確認している。Affaire relative à certains emprunts norvégiens, Arrêt du 6 juillet 1957, CIJ Recueil 1957, pp. 80-81 (Judge Read, Dissenting Opinion).

(128)　Mandat d'arrêt du 11 avril 2000 (République démocratique du Congo *c.* Belgique), arrêt du 14 février 2002, ICJ Reports 2002, p. 16, para. 36.

(129)　*Voir* Société commerciale de Belgique, CPJI Sér. A/B, No. 78, p. 173. 杉原・前掲注(22)215頁も参照。

(130)　Société commerciale de Belgique, CPJI Sér. A/B, No. 78, p. 173.

(131)　*Id.* なお、判決主文において裁判所は、ベルギーの申立て(A)とギリシアの申立て(3)を承認し、当事国間の合意を認めて、仲裁裁判判決の確定性および拘束性を確認した。*Voir id.*, p. 178.

(132)　横田喜三郎は、「他方当事国から異議があれば、本件における申立の変更は許されなかった」と述べ、本件の変更が紛争の変質禁止要件を充足していなかったと指摘する。横田喜三郎『国際判例研究Ⅱ』(有斐閣, 1970) 227頁。

(133)　なお、上部シレジアのドイツ人の利益に関する事件（本案）において、「合意 (accord, agreement)」が存在する場合、新たな申立てに関する受理可能性の問題は生じない、と指摘されている。Affaire relative à certains intérêts allemands en haute-silésie polonaise, (fond), CPJI Sér. A, No. 7, p. 45.

(134)　Affaire relative à certains emprunts norvégiens, Arrêt du 6 juillet 1957, CIJ Recueil 1957, pp. 80-81 (Judge Read, Dissenting Opinion).

(135)　*Id.* なお、「紛争の拡大」は、被告にも責任があるため、被告が同事由を援用できないとも指摘されている。

(136)　Fisheries Jurisdiction (Federal Republic of Germany *v.* Iceland), Merits, Judgment, ICJ Reports 1974, p. 231 (Judge Waldock, Separate Opinion)(強調引用者).

(137)　*Id.*, p. 232.

(138)　H. Thirlway, *The Law and Procedure of the International Court of Justice 1960-1989, part ten*, 70 BYIL (1999), p. 23.

(139)　Mandat d'arrêt du 11 avril 2000 (République démocratique du Congo *c.* Belgique), arrêt du 14 février 2002, ICJ Reports 2002, p. 16, para. 36.

(140)　Military and Paramilitary Activities in and against Nicaragua (Nicaragua *v.* United States of America), Jurisdiction and Admissibility, Judgment, ICJ Reports 1984, p. 426, para. 77.

(141)　*Id.*, p. 426, para. 78.

(142)　*Id.*, p. 427, para. 80.

(143)　*Id.*

(144)　*See* H. Thirlway, *The Law and Procedure of the International Court of Justice 1960-1989, part twelve*, 72 BYIL (2001), p. 65.

(145)　*See* H. Thirlway, *id.*, p. 64, *esp.* note 98.

(146)　Military and Paramilitary Activities in and against Nicaragua (Nicaragua *v.* United States of America), Jurisdiction and Admissibility, Judgment, ICJ Reports 1984, p. 427, para. 81.

(147)　*Id.*, p. 429, para. 82. *See also* ICJ Pleadings, Military and Paramilitary Activities in and against Nicaragua (Nicaragua *v.* United States of America), Vol. I, p. 432, para. 267, D.

(148)　Certaines terres à phosphates à Nauru (Nauru *c.* Australie), exceptions préliminaires, arrêt, CIJ Recueil 1992, p. 244, para. 5.

(149)　*Id.*, p. 265, para. 63.

(150)　*Id.*, pp. 265-266, paras. 65-67.

(151)　*Id.*, p. 266, para. 68.

(152)　*Id.*, p. 267, para. 70.

(153)　*See also* Fisheries Jurisdiction (Spain *v.* Canada), Jurisdiction of the Court, Judgment, ICJ Reports 1998, p. 448, para. 29.

(154)　なお、「紛争（主題）」自体の変更は、原則として別訴によるべきものと考えるが、場合によっては請求訴状の修正によることも手続上不可能ではない。カメルーン対ナイジェリア事件において、原告カメルーンは、紛争主題を拡大（具体的には、係争地域を追加）するために「追加的請求訴状」を提出し、それを原請求訴状と併合するよう求めた。これに対し裁判所は、被告ナイジェリアの異議がなかったこともあり、同手続を認めたのである。*Voir* Frontière terrestre et maritime entre le Cameroun et le Nigéria, ordonnance du 16 juin 1994, CIJ Recueil 1994, p. 106.

(155)（紛争当事国の意思に還元されないという意味において）“客観的”な裁判所の利害として、ここでは紛争の「実効的処理」と「迅速・適正な処理」とを念頭に置く。両者は必ずしも一致するわけではなく、訴えの変更に関しては、後述するよう、それぞれ肯定的要因と否定的要因に関連しうる。

(156)　この「訴えの変更」は、「原告の権利の迅速な保護ならびに訴訟経済の点から望ましいとの理由で、認められている。」（中野他編・前掲注(１)491頁）。

(157)　被告保護を主眼とする要件と解せば、被告の同意がある場合、同要件の充足を必要としないと考えられる。上述、ベルギー商事会社事件参照。

(158)　*Voir* O. Asloui, *supra* note 9, p. 58.

(159)「請求の基礎」概念については、中野他編・前掲注(62)561頁および中野他編・前掲注(１)494-495頁を参照。

(160)　この点を、アスラウィは、「事実が法を生む *ex facto jus oritur*」と表現している。*Voir* O. Aslaoui, *supra* note 9, p. 64.

(161)　*Voir* O. Aslaoui, *supra* note 9, p. 122; ICJ, the international court of justice (4th Ed., 1996), p. 50.

第２章　被告による請求提起――反訴――

国際司法裁判所（以下、裁判所）において、ある種の訴えは答弁書において付随手続として提起されうるとされ、この訴訟係属中に被告がその訴訟手続を利用して原告に対して訴えを提起できる制度は反訴（Counter-Claims, Demandes reconventionnelles）と呼ばれる。そもそも反訴制度は、訴訟当事者の平等・公平を保障する観点から導入されていると考えられる。つまり、反訴は、原告が訴訟対象となる請求の範囲を定める一方的提訴制度（規程40条、規則38条）の裏返しとして、被告にも請求の範囲を修正する機会を与えているのである(1)。しかし、いかなる請求でも反訴として認められるわけではなく(2)、一定の要件を満たす必要がある。

国際司法裁判所における反訴は、裁判所規程ではなく、裁判所規則により規律されており(3)、現行規則80条は次のように規定している(4)。

第80条１項　裁判所は、反訴が裁判所の管轄に属し、かつ他方の当事者の請求主題と直接的関係にある場合にのみ、これを受け入れることができる。

２項　反訴は、これを提出する当事者の答弁書において行われるものとし、当該当事者の申立ての一部として提出されるものとする。反訴に対して文書で見解を提出する他方の当事者の権利は、追加的訴答書面（抗弁書および再抗弁書）の提出に関する本規則45条２項に従ういかなる裁判所の決定にも関係なく、追加手続において保護されるものとする。

３項　裁判所は、本条１項の適用に関して異議が申立てられたとき、若しくは裁判所自身が必要と考えるいかなるときでも、両当事者の意見を聴取した後、それについて決定する。

上記規則から、裁判所の反訴受理には、２つの要件が課されていることが分かる。それらは、まず第１に、反訴が裁判所の管轄権に属するか、という管轄権要件であり、そして第２に、反訴請求と他方当事者の請求主題との間に直接関連があるか、という直接的関連性要件である。

管轄権要件が、同意原則を根拠としていることは明らかであろう。反訴という特殊な提訴方法により、同原則の適用を免れることは許されないのであり、これによって本訴被告による反訴の濫用が一定程度防止されると考えられる[(5)]。

他方、直接的関連性要件は、「良き司法運営（the proper（or sound）administration of justice, la bonne administration de la justice）」[(6)]の確保をその根拠としていると考えられる。しかし、この概念が意味する内容は必ずしも明らかではなく、裁判所の説明を鑑みるならば、同概念はその基盤を異にする諸原理を含んだものであるといえる[(7)]。まず、そうした原理の１つに、訴訟経済上の考慮があげられる。これは、重複審理を回避すると共に手続が煩雑になることを防止することをその内容とするものであり、裁判所および当事者の負担を軽減して最小限の合理的範囲におさえるべきことをその目的とする。つまり、これは迅速に手続上合理的な裁判を実現するという理念を示す原理であるといえる。また、「良き司法運営」は、各請求およびその基盤にある紛争を全体的に把握し、それによって判決の統一性（画一性）を確保する、という紛争処理の内実に関わる要請をも含んでいると指摘される。こうした考慮により、社会的に密接な関係にある紛争を単一の訴訟手続内で根本的に解決するという裁判制度が持つ理念の１つが実現されうるのである。

本章は、請求の関連性に焦点を合わせることにより、反訴にかかる指導原則である「良き司法運営」の内実、とりわけ紛争事実関係の位置付けおよび影響を実証的に考察することをその目的とする。換言すれば、反訴が提起された際に、裁判所が紛争解決という実体的合理性の確保のために、紛争事実関係をどの程度考慮して、被告の主張を規律しているのかを明らかにしたい。

以上の問題意識のもと、まず、反訴の概念を考察する。実行上、裁判所は反訴請求の審査に際し、２段階の審査を行ってきている。つまり、①当該請求が規則80条の意味における「反訴」を構成するか（反訴認識の問題）を検討した後、②80条に規定された要件を満たすか（反訴の受理可能性の問題）

を検討するという方法である[8]。後述するように、学説の中には請求間の関連性を反訴の「認識」次元の問題ととらえて論ずるものもあり、議論の方法に混乱が見られるように思われる。したがって、第１節で裁判所における反訴の定義を明らかにし、請求間の関連性の問題は受理可能性の問題として直接的関連性要件を分析することをもって十分であることを確認しておきたい。そして、第２節では、受理可能性の問題として直接的関連性要件を検討する。近年の判例[9]を通して裁判所による直接的関連性の認定[10]を分析することにより、反訴の受理に際して裁判所を規律している原理を明らかにすることがそこでの目的である。

第１節　反訴の概念

国際司法裁判所での訴訟において、「反訴」はいかなる手続として想定されているのであろうか。反訴自体の定義は規則には存在しない。したがって、裁判所は反訴につき一般に承認された法概念に照会し、それを取り入れているものと考えられている[11]。

１　各国国内法上の定義

各国国内法上の反訴概念を概観してみると、日本法では「訴訟係属中に被告から原告に対し本訴に併合して提起する訴え」[12]と定義されており、日本法に影響を与えたとされるドイツ法でも反訴は「同一手続で被告が原告に対して提起する訴え」[13]とされている。これらは、１個の訴訟手続での処理という訴えの手続的側面に主眼をおいた定義である。また、英米法においても「原告の請求に対抗して同一手続内で被告が原告に対してなす請求」[14]、ないしは「本訴請求がなされた後に、他方の当事者に対して主張される救済の申立て」[15]であるといわれ、上記２法と大差はない。ただし、英米法では「原告の請求と同一の取引ないし事件関係から生じた被告の請求は、反訴で主張しなければならない」という強制（必要的）反訴があり、反訴による紛争の１回的解決がより徹底化されている点に特徴があるといえる[16]。

他方、フランス法では、「すでに係属中の訴訟に対してなされる付帯請求の1つであり、『本訴の被告がその相手方の申立ての単なる排斥以上の利益を得ようとする請求（新民訴64条）』」[17]と定義され、反訴は防禦に付帯しうるとも指摘される[18]。学説上も、反訴は「原告の主張に抵抗することで満足せず、原告に不利な判決（une condamnation contre le demandeur）を裁判所に求めるところの、被告により申し立てられた付随的請求」と定義されており[19]、この定義を参照しつつ皆川洸は、国際訴訟における反訴を「積極的・攻撃的に原告に不利な判決を得ようとする別個の請求として提起されるもの」と定義している[20]。これら定義では、手続上の側面（付帯請求）に加え、請求の性質に言及している点が注目される。

以上の各国国内法から、以下の共通項が確認されよう。まず第1に、反訴は（本訴）被告が（本訴）原告に対してなす請求である、という点である。そして第2に、反訴は係属中の訴訟手続内での訴えであり、本訴の訴訟手続に属する行為として、1個の訴訟手続においてなされるという点である。これら2点より、反訴は（本訴）被告による請求の客観的追加的併合であるといえ、この手続的観点からする概念は国際司法裁判所でも通用性を持つと考える。

ただ、各国国内法上、いかなる請求が反訴請求とみなしうるか、という‘請求’自体の性質（本訴請求の排斥以上か、同一取引・事件から生じたか、原告に不利な内容か、等）については、必ずしも定義の一致がみられるとはいい難い。

2　国際司法裁判所による定義

国際司法裁判所は、反訴請求自体の性質につき、何らかの要素を反訴の定義によみこんでいるのであろうか。この点については、ジェノサイド条約適用事件において裁判所によりなされた定義が参考になる。裁判所は反訴請求は本訴請求との関連で「二重の性格」を持つとして、以下の点を指摘したのであった[21]。まず1つには、反訴がもつ「新請求（une prétention nouvelle, a new claim）を付託する自律的訴訟行為」としての性格であり、これは「訴え」の側面に重点を置いたものとされる（「反『訴』」）。それと同時に、反訴は「本訴請求（la demande principale, the principal claim[22]）と連結（rattacher, link）している」という性格を持つ（「『反』訴」)。それでは、裁判所が指摘した各要素がいかなる意味内容を持つのか、裁判所の実行に照らしつつそれぞれ分析してみる。

(1)　新たな訴えの提起

裁判所に対して請求の判断を求める行為（申立て行為）は一般に「訴え」とよばれ、新たな訴えとは新請求を含む申立てであると解される。ここで、新請求とは何かが問題となるが、この点につき、裁判所によれば、新請求は「本訴請求の棄却を超える救済を求める請求」であるとされる(23)。すなわち、裁判所においては、答弁書の申立てにおける本訴請求の棄却を超える内容を持った請求が、反訴と認識されうる新たな訴えなのである。

したがって、棄却判決から論理必然的に導かれる請求は、上記基準に照らして新たな訴えとは言えないため、反訴ではないということになる。実際、1989年7月31日の仲裁判決事件では、被告セネガルは、答弁書において原告ギニアビサウによる（本訴）請求（同仲裁判決の無効および不存在）の棄却を求めると同時に、同仲裁判決の有効性および原告がその適用義務を負うことの宣言を求めていた。本件において裁判所は、被告による同請求を反訴として取り扱うことなく、原告の請求を棄却した後に、被告の請求を認容したのであった(24)。

ところで、新請求を含むということは、反訴が別訴の目的物を構成しうる新たな内容を訴訟に導入する可能性を秘めた制度であるということを意味する。この点に関連して、裁判所は、反訴の特性を以下のように指摘する。

> 「反訴の特性（le propre, the thrust）は、原告請求の単なる棄却以上の目的（利益）を追求することで、原訴訟主題・原紛争主題（l'objet initial du litige, the original subject-matter of the dispute）を拡大する（élargir, widen）ことにある」(25)。

ここでいう“拡大”が何を意味するのかは明確ではないが、少なくとも反訴請求が訴訟主題ないし紛争主題との関係で制限を受けることはわかる(26)。

そうした制限の一つに、反訴の提起により、本訴で対象とされている「紛争」の性格が変わってしまう場合が考えられよう。ロゼンヌは、反訴が「付随手続」であるという性格から、反訴は係属「事件（case)」の存在を前提にし、その範囲内に関してのみ認められるとしてこれを肯定する(27)。また、庇護事件では、コロンビアが「新たな争点を提起し、訴訟の基礎を移動させる」反訴の受理不可能性を主張したことがある(28)。同事例においてはコロンビアが同事由を請求の直接的関連性が欠如している理由として援用し、裁判所も直接的関連性の問題としてこれを処理したため、この問題が反訴の「認識」次元の問題として裁判所に捉えられていると即断することはできないかもしれない。しかし、（本訴で提起された）紛争の変質が反訴の特性に起因する問題であり、反訴認識と密接な関係を持つことは疑い得ないであろう。こうした「紛争」の変質にかかる議論は、実際の判断に際して難しい問題(29)を生じさせるとはいえ、理論的には是認されうる立論ではある。なぜならば、紛争を変質させる新たな訴えは、それまでの審理を無駄にしかねない上に、管轄権の基礎にも疑義が生じさせるかもしれないからである。

以上より、反訴は、新請求つまりは本訴請求の棄却を超える請求の判断を裁判所に求める訴訟行為であるといえる。ただし、棄却判決に内在する請求は新請求ではないため反訴とはなりえず、紛争を変質させる請求は反訴の特性（紛争主題の拡大）を逸脱するため反訴と見なしえない、と解される。これらは、（本訴）原告による「訴えの変更」に対する制約と対称をなすものとも考えられる(30)。

⑵　本訴請求との連結

反訴は本訴と“何らかの”関係を持つ必要があると指摘される。この点に関して、反訴と「認識」されるために不可欠な要素は見いだしうるのであろうか。ここでは、主張の次元での連結⒜および事実の次元での連結⒝を取り上げ、それぞれにつき裁判所の立場を明らかにしておく。

⒜　防禦との一体性

ここで、防禦（defence, défense）（抗弁 objection(or affirmative defence), exception)[31]とは、反訴と異なる以下のような性質を持つ被告の主張であると考えられる。まず第1に、防禦は、新たな請求としての部分（例えば原告の責任追及）を持たない主張であり、本訴請求の排斥のみを目指したものである。この点は、裁判所による反訴との区別で最も重点が置かれた性質である[32]。第2点目として、防禦は本訴請求に依存している点が上げられる。つまり、反訴が本訴の却下・棄却とは関係なく別個独立した判断対象になることに対して、防禦は本訴の却下・棄却に伴って消滅するのである[33]。最後に、防禦は被告の権利として主張でき、反訴が裁判所による制約（受理可能性の判断）を受けるのに対して、裁判所が防禦を禁止する手続規範は存在しない[34]。

上記のような概念上の区別は理論上可能とはいえ、実際には反訴と防禦を峻別することは必ずしも容易ではなく、反訴は防禦であることを通じて本訴と連結関係をもつべき、とする考えが主張される。ここでの問題は、反訴は防禦の延長線上としてしか認められないのか、つまり、反訴は防禦としても機能する請求のみに限定されるか、ということである。

この問題に関して、ジェノサイド条約適用事件においてウィーラマントリー判事は、本訴請求に対する防禦として機能する請求が反訴であり、本訴請求の決定を伴わない新請求は反訴ではないと解する個別意見を付した[35]。学説上も、ガネやペグナ、ヌヴィル等はこれと同じ立場を採っているものと解される[36]。

こうした考え方は、規則の起草過程からは是認されうるものともいえる。1922年の規則制定会議において、アンツィロッチは、反訴が防禦と見なされうる場合があるかという問いに対し、「それが、我々が反訴の訴えと呼ぶものである」[37]と回答しており、1934年でも「実際、反訴が防禦に密接に結びつきうる」[38]との指摘を行っている。また、「形式的には請求であるが、実際には防禦の性質を持つ反訴がありうる。」[39]との1922年の会議におけるフィンレイの指摘もある。

しかし、ここで検討すべきは、反訴が「防禦として機能する」ことの意味内容であり、結局、反訴が防禦的性格をもつかどうかの問題は、本訴請求に対する反訴請求の効果の問題に帰着すると考えられる。つまり、それは判例において指摘された「本訴に反撃する（riposter, react）」ことに如何なる意味を含めて解釈するかという問題なのである。

この問題に対しては、まず、本訴請求への反撃を「本訴請求を妨げるあるいはその効果を減ずる」効果を要すると解す立場がある。こうした主張は、ジェノサイド条約適用事件においてボスニア・ヘルツェゴビナから主張されたものであり、上記の諸学説も同様の立場に立っているように思われる。他方、本訴請求への反撃に上記の効果までは要求しないと解す立場もあり、サールウェイは、ジェノサイド条約適用事件においてボスニア・ヘルツェゴビナの主張を受け入れなかったことから、裁判所はそこまでの効果を要求していないように思える、と論じている(40)。この点、後者の立場をもって妥当と解すべきである。なぜならば、実行上、裁判所は（反訴）請求の「防禦」的性格、ひいては「本訴請求への攻撃」の要素を反訴の定義に不可欠な要素とみなしていないといえるからである(41)。この要素は、裁判所における反訴概念に必然的に付随しつつ反訴と認識される請求を限定するようには機能しておらず、受理可能性の問題として「関連性」を検討する際に考慮されるに過ぎない。したがって、裁判所においては防禦として機能しない反訴も「反訴」と認識される、と結論付けられる。

(b)　事実の同一性

事実次元の問題として、反訴請求がその基礎としている事実を媒介して本訴請求と連結しているべきであるとする考えがあり得る(42)。つまり、反訴請求が本訴請求の基礎としている事実に立脚している必要があるのか、そしてそれが反訴の概念上要求されるのかという問題である。これは、いわゆる“直接的”反訴と“間接的”反訴の区別をめぐる問題として一般に認識されてきたといえる(43)。従来、この区別は管轄権要件との関係で議論されてきたように思われるが、ここでは、反訴原告により本訴請求の基礎となる事実とは異なる事実が提起され、そうした新事実に基づいて請求が定立された場合に、当該請求が「反訴」とみなされるのかという点から問題を検討してみたい。

この問題は、ジェノサイド条約適用事件における一つの争点であった。ボスニア・ヘルツェゴビナは、「ユーゴスラビアにより反訴として提出された事実は、本訴請求が基礎とする事実と全く異なって」おり、「それら事実のいずれか一方の検討は、他方の法的分析に何ら有益でなく、いなかる形でも何らその結果に影響を及ぼさない」、と論じた(44)。それに対しユーゴスラビアは、「本訴請求および反訴請求が基礎としている諸事実は、ボスニアにおける内戦という同じ紛争の事実であり、両請求が基礎とする全ての関連事実は、相互に関連している」(45)と論じ、さらに、「答弁書には……必要なときは、追加の事実……を記載する」と規定する規則49条2項を援用し、「反訴は本訴で提出された事実のみに限定されるという主張は、法の基礎を持たない」(46)と主張したのであった(47)。

また、油井やぐら事件でも、この問題に関連して、「請求の主題」との関連性(48)という文言を根拠に米国が以下のような主張を展開した。

> 「反訴は、（本訴）請求それ自体ではなく、（本訴）請求の主題と直接関係があらねばならない（強調原文）」のであり、「反訴が（本訴）請求と表裏の関係にあること、あるいは両請求が同一の理論や事実に基づいていることは必要でない」(49)。

これらの事例において裁判所は、反訴原告（本訴被告）により提出された新事実を基礎とした請求も「反訴」とみなしていることから(50)、裁判所における「反訴」はいわゆる「直接的反訴」に限定されてはいないと考えられる。

しかし、そうした新事実の提出は無制限に許容されているわけでもなく、一定の枠内においてのみ裁判所により考慮されているようにも思われる。このことを、ベッカーは、「反訴の要件（管轄権要件および直接的関連性要件）を充足する限り、本訴被告は本訴原告が依拠する事実とは異なる新たな事実を提出できる」と指摘するし(51)、サレルノは、「裁判所は本訴請求において示された事実とは異なる事実をも検討してきた」と述べつつ、反訴により提出されるそうした事実は常に同じ紛争と結びついており、本訴が関係する“同じ事実複合体”に内在する事実と性格付けられてきたと指摘する(52)。つまり、新事実を基礎とした反訴が受理されるかは、直接的関連性、とりわけ後述する事実上の関連性の問題と密接な関係にあるといえる。

以上より、反訴が基礎とする事実は、本訴のそれと同一である必要はなく、いわゆる「間接的反訴」も反訴と認識されうると解される。しかし、新事実を基礎とする反訴が裁判所により受理されるかは、裁判所による直接的関連性の認定に依存しているものと考える。

本節の分析から、以下の点が確認されよう。まず、本訴被告により提起される訴えが本訴請求の棄却を超える請求を含む場合、当該請求は「反訴」と認識されうるということである(53)。そして、“反訴か否か”の判断に際し、本訴請求との連結は実際的効果を持たないということである。したがって、反訴における請求の関連性は、受理可能性の問題として議論すれば十分である。

第２節　反訴の受理可能性

本訴被告による請求が反訴として裁判所に受理されうるかは、それが本訴請求の棄却を超える請求として定式化されている限り、反訴原告（本訴被告）による当該新請求と本訴原告（反訴被告）による請求との間に関連性が認められるか、つまりは裁判所による両請求の「直接的関連性」認定の問題に収斂する。この点につきロゼンヌは、「反訴の受理可能性に関する法的問題は、常に、当該事件の文脈での『関連性』が何を意味するか、そして反訴請求がその要件を満たすかということである。」といい(54)、さらに、反訴が管轄権内にあることを確認し、そうした後にのみ関連性の観点から受理の検討に進むという近年の実行から「受理可能性は、反訴が他方当事者の請求との直接的関連を持つことを意味する」と指摘する(55)。

本節では、裁判所による反訴の受理可能性の問題として直接的関連性の認定を検討する。このことによって、請求の関連性の判断に際して裁判所が考慮する要素を明らかにしたい。それでは、規則を概観して問題の所在を確認した後、判例の分析を通して裁判所の実行を位置づけることにする。

1　国際司法裁判所規則

「直接的関連性」の要件は、実行を反映しつつ、1936年規則から明文上導入されたものであり(56)、「他方の当事者の請求の主題と直接関係があ」るという文言で現行規則上は規定されている(57)。それでは、直接的関連性の認定について、その主体と客体の両面から問題の所在を確認しておきたい。

まず、直接的関連性を認定し反訴の受理を決定する主体であるが、78年規則は、文言上、不明確な点を残していたといえる。同規則80条１項は「反訴は、……提出することができる」と述べ、１項にて「関連性に疑義が生じた場合には、……裁判所が原手続への併合の是非を決定する。」と規定されており、誰の疑義か（当事者か裁判所か）、また、疑義がなければ自動的に受理されるのか、等については必ずしも明らかではなかった。しかし、これらの問題については、裁判所における近年の実行により解決されていったといえる。まず、ジェノサイド条約適用事件で、裁判所は直接的関連性の認定が自らの裁量事項に専属することを確認し(58)、続くカメルーン対ナイジェリア事件では、原告（反訴被告）の異議がなくともこの点につき職権審査を行ったのであった(59)。こうした実行を踏まえて、2000年修正規則は、裁判所の認定権を明確に規定するに至ったのであり(60)、現在、関連性認定の主体に関して問題はない。

他方、客体に関して、文言上明らかでない問題は「直接的関連性の基準」である。この問題に関して、規則の文言に何らかの手がかりをみいだすことは不可能であり、起草過程においても裁判所の実行に委ねられた問題とされていたのであった(61)。この問題につき、学説上、２つの対立する考え方が存在しているといえる。１つには、内在的関連説といいうる考えであり、反訴請求の性質および反訴請求と本訴請求との関係に何らかの内在的関連が必要であると説く(62)。他方、サールウェイは、実際上の便宜（paractical convenience）を根拠として関連性を認定しうると解しており、便宜説ともいいうる考え方に立っている(63)。上記２つの考え方は、関連性の基準を考える際、いずれも論理的には採りうる説である。しかし、問題は現在の裁判所の立場であり、裁判所が如何にして関連性を認定しているのかにある。したがって、実証的手がかりを得るためには近年の裁判所による実行を検討する必要がある。

2　国際司法裁判所判例(64)

まず、本章で検討する各事件の概要をみておこう(65)。まずは、ジェノサイド条約適用事件(66)である。本件は、1993年３月20日、ボスニア・ヘルツェゴビナがユーゴスラビアに対して同国のジェノサイド条約違反の確認およびそれに伴う賠償を求めて、同条約９条を管轄権の基礎に援用して裁判所へ提訴した事件である。仮保全措置命令（２回）(67)と先決的抗弁に対する判決(68)を経た後、ユーゴスラビアがボスニア・ヘルツェゴビナによるジェノサイド条約違反の認定等を求める請求を含んだ答弁書を1997年７月22日に提出するに至る。ユーゴスラビアの申立ては、①ムスリムおよびクロアチア人につき、ジェノサイド条約上の義務違反の事実はないこと②原告の主張するジェノサイド行為はユーゴスラビアに帰属しえないこと③ボスニア・ヘルツェゴビナ領域内のセルビア人に対するジェノサイド行為等につきボスニア・ヘルツェゴビナに責任があること④関係者を処罰すること⑤ボスニア・ヘルツェゴビナは再発防止のために必要な措置を執ること⑥義務違反に伴う賠償を支払うこと、を裁判所に求めるものであった(69)。

続く油井やぐら事件(70)は、1992年12月２日、1987年から1988年にかけての米国海軍によるイラン油井やぐらの破壊に関して、1955年の米国・イラン間の友好・経済関係及び領事条約（1955年条約）21条２項に基づいてイランが米国を提訴した事件である。1996年12月12日の判決で管轄権が確認された後(71)、1997年６月23日に米国は「答弁書及び反訴」と題する答弁書を提出した。同答弁書の第４部では事実背景及び規則80条に基づく反訴の受理可能性（管轄権及び直接的関連性）が論じてられており、答弁書末の申立ては、1987年から1988年にかけてのイランによる船舶への攻撃・湾岸における機雷敷設・軍事活動の従事が、1955年条約10条違反であることの確認およびそれに伴うイランの賠償責任の宣言を裁判所に求める内容を反訴として掲げていた(72)。

３件目のカメルーンとナイジェリアの領土及び海洋境界事件(73)（カメルー

ン対ナイジェリア事件）は、バカシ半島の主権および海洋境界画定につき(74)、1994年3月29日にカメルーンが選択条項に基づいてナイジェリアを提訴した事件である。仮保全措置(75)が指示され、先決的抗弁判決(76)および同判決の解釈請求(77)を経て管轄権が確認された後、ナイジェリアから反訴を含んだ答弁書が提出された。答弁書中でナイジェリアは、カメルーンの訴答書面は国境沿いでの『事件』に言及しつつナイジェリアの責任を問題としてきたと主張し、国境沿いでの問題はカメルーンに責があり、カメルーンが国家責任にかかる請求を提出する限り当事者平等の観点から反訴を提起するという。具体的には、カメルーンの責任とそれに伴う賠償の宣言が各国境部分の問題を扱う箇所の各末尾に掲げられており、答弁書中の申立てにも「反訴として各請求に関するカメルーンのナイジェリアに対する責任と賠償額につき判断し宣言すること」が含まれていた(78)。

最後に、コンゴ領域における軍事活動事件(79)（コンゴ対ウガンダ事件）は、コンゴ民主共和国がウガンダによる「軍事侵略」行為に関して、選択条項に基づいて提訴した事件である（1999年7月23日）。コンゴの要請した内容の仮保全措置が裁判所により指示された後、コンゴは申述書において、①コンゴに対する軍事・準軍事活動に従事、コンゴ領域の占拠、および非正規軍への援助による、武力不行使や不干渉等の条約上および慣習法上の諸原則違反、②天然資源の違法な開発による国家主権等の条約上および慣習法上の諸原則違反、および③コンゴ国民に対する殺人等の抑圧行為による人権尊重・確保義務等の条約上および慣習法上の諸原則違反、をウガンダが行ったことの宣言ならびに④以上の義務違反に鑑み、違法行為の終了や賠償等をウガンダに求める申立てを裁判所に提示した。それに対し、ウガンダは2001年4月20日に答弁書を提出した。答弁書中「第18章 C. 反訴」において、ウガンダは以下の慣習法上の義務違反の責任をコンゴが負うことの宣言を求めた。①ウガンダに対して武力を行使しない義務②ウガンダの国内事項に干渉しない義務③ウガンダ内であるいはウガンダに対して軍事および準軍事活動に従事する武装集団に援助を与えない義務。さらに、同章には「D. コンゴによる侵略の例」、「E. ウガンダ大使館に対する攻撃ならびに外交職員およびウガンダ国民に対する非人道的取り扱い」および「F. コンゴによるルサカ合意（停戦合意（1999年７月10日締結））上の義務違反」が含まれていた。そして、答弁書における申立てでは、「(c) 本答弁書第18章に提示された反訴が是認されること、を国際法に従って審理し宣言すること」を裁判所に求めたのである。裁判所は、検討に際して、ウガンダの反訴を①ウガンダに対するコンゴの侵略行為②ウガンダ大使館および外交官ならびにウガンダ国民に対するコンゴの攻撃③コンゴのルサカ合意違反、それぞれに基づく請求に再構成した(80)。

上記の全事件において、裁判所は本訴請求と反訴請求との直接的関連性を認定し、反訴を原手続に併合するものとして受理した(81)。そして、裁判所は直接的関連性の認定にあたり、以下のような一般規則の定式化を行っているのであった。

> 「国際司法裁判所規則は、『直接的関連』によって何が意味されるのかを定義していない。各事件の特殊な側面を考慮しつつ、反訴請求を本訴請求に関連づける絆が十分であるかをその裁量で判断することは裁判所の任務である。一般規則として、両請求の関連の程度は、事実上かつ法上において評価されねばならない（下線引用者）」(82)。

それでは、具体的事件において、いかなる事実上および法上の関連をもって裁判所は直接的関連性を認めたのだろうか。以下、「事実上」の関連性と「法上」の関連性に大別して、それぞれを検討する。

(1)　事実上の関連性

裁判所によれば、「事実上の関連性」は、各請求（本訴請求および反訴請求）が同じ性質の事実に基づいているのか、換言すれば、各請求の基礎となる諸事実が同じ事実複合体（the same factual complex, un même ensemble factuel complexe）を構成しているのか、を基準とする(83)。以下では、事実の性質、つまりは事実複合体を判断する要素を経験的に判例から抽出してみたい。

(a)　「場所」の要素

まず、事実複合体の構成要素として、「場所」の要素があげられる。つまり、本訴請求および反訴請求がそれぞれの基礎としている事実が‘同じ場所で起こった’ということをもって、同じ事実複合体をなし、「同じ性質」を持つとみるのである。

実行上、ジェノサイド条約適用事件で「ボスニア・ヘルツェゴビナ領域(le territoire de la Bosnie-Herzégovine)」[(84)]が同じ事実複合体と判断する要素として指摘され、油井やぐら事件でも「(ペルシャ) 湾岸地域 (the Gulf)」[(85)]が同じ性質の事実と判断する一事由とされた。カメルーン対ナイジェリア事件では「両国の国境線沿い (le long de la frontière entre les deux Etats)」[(86)]がそうしたものとしてあげられた。これらの認定からは、場所の要素が一判断基準をなしてきたことを示している。しかし、必ずしも特定的な「場所」が言及されているわけではなく、その意味する幅は広い。

さらに、コンゴ対ウガンダ事件では、本件の関係する場所がコンゴ領域であることに疑いがないにもかかわらず[(87)]、命令中にはこの点についての明示はなく[(88)]、裁判所が同要素にどの程度の重要性を認めたのか明らかではない。

(b) 「時間」の要素

「時間」の要素も裁判所により指摘されてきたものの1つである。これは、本訴請求および反訴請求がそれぞれの基礎としている事実が、‘同じ期間内に起こった’ことを意味するものである。

ジェノサイド条約適用事件および油井やぐら事件では、申立てられた諸事実が「同じ期間 (au cours de la même période, during the same period)」[(89)]に起こったことを一理由として、両当事国の請求が同じ事実複合体を構成しているとした。

しかし、カメルーン対ナイジェリア事件では、両当事国の請求が同じ性質の事実に基づいていることを認定する際に、こうした時間要件は明示されておらず[(90)]、同要素は全く考慮されなかったようにみえる。

また、コンゴ対ウガンダ事件では、各反訴請求毎に微妙に異なる取り扱いを行ったのであった。2つ目の請求 (ウガンダ大使館および外交官ならびにウガンダ国民に対するコンゴの攻撃) については、「ウガンダによるコンゴ領域への侵攻直後の1998年８月」[91]と述べて、各当事国が問題としている諸行為が時間的に近接していることを裁判所は指摘した。しかし、１つ目の請求（ウガンダに対するコンゴの侵略行為）については、請求の基礎となる事実が共通にしている期間を超える部分の反訴請求をも受理したのである[92]。その際、裁判所は、「ウガンダの反訴請求は、コンゴの本訴請求により取り扱われているよりも長い期間に及んでいるが、**それにもかかわらず**、両請求は、1994年以来、様々な形体や強度で両国間に存在する抗争（un conflit, a conflict）に関係している。」[93]と述べ、両請求が同じ事実複合体を構成すると認定したのである。

(c)　「抗争」の性格

コンゴ対ウガンダ事件では、当該「抗争（un conflit, a conflict）[94]」の性格が事実上の関連性を認定するにあたり、裁判所の判断に大きく影響しているように思える。

それは、３つ目の反訴請求（ルサカ合意違反）に関して明らかであろう。コンゴは、コンゴの侵略行為とコンゴの国内対話の問題は異なること、および後者が提訴時に存在しなかった問題でもあることを主張し、直接的関連性の観点から反訴の受理可能性を争った[95]。これに対しウガンダは、ルサカ合意がコンゴの請求訴状および申述書で挙げられた争点と同じ争点に向けられていること、および同合意が本訴請求の主題であるコンゴにおける武力抗争を終結させるための包括的な公序システムの確立するものであることを指摘しつつ、コンゴの申述書における申立てを解釈することによって関連性を確立しようとした[96]。この問題について、裁判所は以下のように述べて、事実上の関連性を否認したのであった。

> 「ウガンダの反訴（コンゴのルサカ合意違反）は、多辺的に合意された停戦合意における<u>抗争解決の手段</u>に関係しており、コンゴの請求が依拠するウガンダの責に帰する<u>抗争中に生じた</u>行為に関係する事実とは性質が異なる（強調原文）」[97]。

裁判所は抗争解決過程での問題と抗争中に生じた問題とを峻別したのであり、これが、3つ目の反訴請求において事実上の関連性を否認した決定的理由であったと解される。

さらに、ルサカ合意違反とは区別される「両国間に存在する抗争」について、他の2つの反訴請求においても、その性格が直接的関連性の基準つまりは「事実複合体」の判断に影響を与えたように思える。

まず、本件において最も主要な争点である1つ目の反訴請求（武力行使および武装集団への援助に関する問題）については、抗争の性格が時間的要件を緩和する理由とされたのであった。同反訴に対して、コンゴは時期毎に抗争を区分し、それらをそれぞれ別個のものとして法的にとらえようとしていたが(98)、ウガンダは、「1994年から現在まで、違法な武力行使は継続的に中断されることはなかった」と主張していた(99)。つまり、ここでの問題は、両請求（本訴および反訴）が同じ性質を持つかどうかではなく、本件の訴訟主題が継続する1個の抗争とみなしえるか、という抗争の時間的範囲の問題であったといえる(100)。この問題に対し、裁判所は「両請求（本訴および反訴）は、1994年以来、両国間に存在する抗争に関係している」と述べて、両国間の紛争事実関係を1個の抗争として把握することで時間的要件の拡大を正当化したのである(101)。

また、2つ目の反訴請求（外交機関への攻撃）についても、抗争の内容的範囲の問題としてその性格に焦点が当てられたと考える。コンゴはこの点に関し、キンシャサにおけるウガンダの大使館・財産・外交官に対する攻撃（反訴）と侵略や継続的占領、違法な天然資源の開発および住民の基本的権利に対する大規模侵害（本訴）は、同時期に起こったが別個の問題であると主張していた(102)。これに対しウガンダは、コンゴの請求訴状には「コンゴ民主共和国は、1998年8月2日の領域侵犯以来被っており、**それから生じるあらゆる行為を伴う**『武力侵略』に関する事件を提起する（強調原文）」と述べられている点を指摘し、当該事件は同じ時期に同じ場所で起きたため、訴訟主題に含みうると論じたのである(103)。ここには、訴訟対象をなす「紛争」を如何に構成するのか、つまりその範囲を如何に設定するのか、という問題がある。

この点につき裁判所は、「各当事国は、違法な武力行使に伴う様々な抑圧行為について他方当事者の責任を主張している」として、これらは同じ性質の事実であり、１つ目の請求と同じ事実複合体を構成すると認定したのであった(104)。つまり裁判所は、本訴原告（コンゴ）により定立された訴訟主題を拡大的に捉えることにより「１個の抗争」を想定したのであり、外交機関への攻撃もそうした両国間の違法な武力行使に関わる抗争の一部とみなして当該法的紛争を訴訟の場に取り込むという方策を採ったのである。こうした裁判所の判断に対して、特任判事ヴェルーヴェンは、その宣言において「キンシャサにおけるウガンダ外交機関への攻撃は、コンゴ領域への武力侵略およびその違法な占領に関する問題の解明には役立たない」と述べ、「同攻撃が抗争の多面的な歴史の一部であるという単なる事実では、反訴の受理を正当化するのに十分でない」と批判している(105)。また、サールウェイも本件と同種の仮定的問題において、「同じ領域において同時期に起こった事実のみでは、それが『事実複合体の一部』をなすというには不十分であるに違いない」と指摘しており、同指摘は本件にも当てはめて考えることができよう(106)。確かに、当該反訴は法的紛争として本訴と別個に構成しうる主題であり、法論理的には両「紛争」を一体のものとして１個の訴訟手続で処理する必然性はない。結局、批判は、事実が場所的・時間的に同じであることのみをもって関連性を認める裁判所の政策的判断の是非に向けられているのであり、裁判所が「抗争」概念を通じて「事実複合体」を捉える判断を政策的になしたことは明らかであろう。

【コメント】

「事実複合体」の判断に際して依拠される「時間」や「場所」という要素は、裁判所によるその認定内容に事件毎の幅がありうるが、それ自体は比較的客観的なもののように思える。他方、抗争の性格は、上記２要素に比して主観性を帯びており、特に１個とみなされる抗争は、裁判所による「事実複合体」の把握に決定的な影響を与えうる。これは、裁判所が認定する「抗争」が、法学的に構成される概念（「紛争」）ではなく、社会学的に構成されたものであるということを意味していると考える。したがって、この要素は訴外の紛争事実関係に対する裁判所の見解や評価を直接に反映するといえよう。

ところで、事実上の関連性につき、内在的関連とみなしうる基準も判例中には見られる。それは、反訴が基礎としている事実と防禦（抗弁）が基礎としている事実が同一である、というものである。これは直接的関連性の根拠として、ジェノサイド条約適用事件でユーゴスラビアが[107]、油井やぐら事件でも米国が主張した[108]基準であり、裁判所も各事件においてこの点に言及しているのであった[109]。しかし、同基準は、補足的に援用されていること[110]およびその後の事件では全く検討されていないこと[111]から、「事実複合体」の基準に比して２次的な位置しか占めていないと考えられる。

以上より、実行上、裁判所は、事実上の関連性の認定について、時間や場所、抗争の性格といった反訴請求の外在的要素に基づく基準によってその関連性を判断しているといえる。しかも、裁判所は、時間や場所の要素に決定的な重要性を与えているわけではなく、抗争の性格によっては、訴訟主題が時間的・内容的に広範な事実を含むものとして構成されうるのである。つまり、裁判所は広範な裁量のもと、事実の全体的評価を前提として政策的に事実上の関連性を認定していると解される。

⑵　法上の関連性

次に、法上の関連性であるが、裁判所によれば、これは「法的に同じ目的（the same legal aim, le même but juridique）を追求」しているかどうかの問題であるとされる。実行上、ジェノサイド条約適用事件では、反訴請求および本訴請求により、両当事国が「ジェノサイド条約違反に関する法的責任の確定」を追求していることを法的に同じ目的を追求していると認定した[112]。また、油井やぐら事件でも、「1955年条約違反に関する法的責任の確定」が同じ法的目的の追求とみなされた[113]。

コンゴ対ウガンダ事件では、１つ目の請求（ウガンダに対するコンゴの侵略行為）につき、「武力不行使原則（国連憲章２条４項および慣習法）ならびに内政不干渉原則の違反に基づく法的責任の確定」を[114]、２つ目の請求（ウガンダ大使館および外交官ならびにウガンダ国民に対するコンゴの攻撃）につき、

「違法な武力行使に関連する、人及び財産の保護に関する条約上および慣習法上の諸規則の違反による責任の確定」を[115]、法的に同じ目的を追求している理由として「法上の」関連性を認定した。しかし、３つ目の請求（コンゴのルサカ合意違反）に関しては、以下のように述べて、法上の関連性を認めなかった。

「コンゴが38項で言及した諸規則（武力行使禁止および内政不干渉）の違反に基づくウガンダの責任の確立を求めているのに対し、ウガンダはルサカ合意の特定条項の違反に基づくコンゴの責任の確立を求めている」[116]。

つまり、裁判所は責任発生の根拠法が違うことをもって、法的に同じ目的を追求していないと認定したのである。

【コメント】

以上の諸判例からは、「法的に同じ目的」の追求の基準は、「同一法規の違反」の主張を、一応は意味すると解しうる。また、原告による適用法の特定は、管轄権との関係で反訴を制限しうることが示唆される。つまりは本訴の事項管轄権内においてのみ反訴が許容されうるのであり、このことは、反訴を1955年条約10条１項に関するものに限定した油井やぐら事件から明らかであろう[117]。

なお、カメルーン対ナイジェリア事件では、「法的責任の確定とそれに伴う賠償の決定」が、「同じ法目的追求」の根拠とされたが、同一法規違反の主張という点から不明確な点を残している。なぜならば、ここでいう「法的責任」は、「武力行使に起因する法的責任」と解さざるをえないが、両当事国はこの点についての適用法を必ずしも明らかにしてはいないからである[118]。しかし、この点については、「裁判所は法を知る“*jura novit curia*”」の原則で補完されたと解するのが妥当であろう[119]。さらに、本訴の事項管轄による反訴の制限に関しても、請求訴状中の申立て(c)、追加請求訴状中の申立て(d)、仮保全措置の指示要請、および申述書中の申立て(e)を通して、原告（カメルーン）により定立される紛争主題が国境沿いの武力行使に関わる問題を含みうるものであったため、同問題は選択条項に基づく事項管轄権に含まれているとの判断が裁判所にはあると考えられる。

【本章のまとめ】

以上の検討から、まず概念上、国際司法裁判所での反訴は「係属中の訴訟手続内において、本訴被告が本訴原告に対して、本訴請求の棄却を超える請求を答弁書中で申立てる行為」であると定義され、請求自体についての連結は、ある請求を反訴とみなすか否かとは無関係であることがわかった。結局、それは受理可能性段階における反訴請求と本訴請求の「直接的関連性」要件に集約されるのである。

そして、実行上、反訴受理の要件である「直接的」関連性は、本訴請求と反訴請求が「十分に（sufficiently）」関連しているかを裁判所が事実上および法上において評価することによって判断されてきた(120)。この認定権は裁判所の裁量事項として確立しており、関連性の内容は事件の個別的かつ全体的評価による。その際、請求間の内在的関連は必ずしも必要ではないと解され、裁判所の政策的判断で関連性を認定することが可能であると考える(121)。

さらに具体的に裁判所による関連性の認定手法を見ると、事実上の関連性の認定はかなり柔軟になされていることがわかった。つまり、その基準である「事実の性質」ひいては「事実複合体」を適用するに際し、「場所」や「時間」といった要素は、認定の対象に幅がある上、脱漏されたり緩和されたりしているのであり、「抗争」の性格は「事実複合体」そのものとして裁判所により考慮されているように思われるのである。結局、裁判所は（本訴）原告が定立した請求主題を参照しつつも、それを紛争主題と同一視することで拡大的に捉えているといえよう(122)。こうした拡大的解釈は、法的紛争（つまり法的見解の対立）に収斂されない、訴外の紛争事実関係に対する裁判所の見解を反映しているものと考えられる。場所や時間といった基準も、こうした裁判所の主観的判断に一定の客観的様相をまとわせるためのものと推測するのも的はずれではなかろう。

また、法上の関連性は、本訴原告が援用する法と同一の法に対する違反を基準とするため、反訴原告（本訴被告）は、原則として、本訴で提起された法の枠内でしか法の適用を裁判所に要求しえないと解される。ただし、本訴請求が基礎としている法と反訴請求が基礎としている法が「同じ」であると裁判所が判断する場合、「裁判所は法を知る」の原則により、裁判所が職権的に法上の関連性を認定しうると解される。このことに応訴管轄による管轄権設定の可能性を考えあわせれば、一見したところ本訴請求とは関係がないように思える反訴請求であっても、裁判所により法上の関連性が認定される可能性を否定しえないことになる。このことは、カメルーン対ナイジェリア事件およびコンゴ対ウガンダ事件（第２請求につき）において、明らかであるように思われる。

以上のような裁量の行使態様から、反訴に対する裁判所の立場は次のようなものであるといえよう。まず、訴訟主題をなす法的紛争を紛争事実関係を念頭に置きつつ構成することで、裁判所は「紛争」を構成する事実を反訴を通じてより多く訴訟の場に取り込もうとしている。そして、同一の紛争事実関係から生じうる法的紛争がどの範囲で訴訟手続に包摂できるのかは、それに対する適用法による。ここに、同一法規の適用により処理しうる限りにおいて、包括的な紛争処理を訴訟において実現しようとしている裁判所の政策的判断が透けて見えているように思われるのである(123)。確かに、裁判所が反訴の受理を柔軟に行っている背景には、それにより被告国の訴訟手続への関与を確保しようという思惑もあろう。しかし、柔軟な反訴受理の１帰結が、紛争の包括的処理として現れてくることは否定できないことである。

最後に、紛争の包括的処理を志向し、反訴を柔軟に受理する裁判所の裁量行使に対して、他の考慮要因からくる制約があるのかを検討しておきたい。

まず、訴訟遅延防止に起因する制約である。つまり、反訴が本訴の訴訟手続を遅延させるならば、それゆえ受理されるべきではないという主張である(124)。これは、主として訴訟経済の要請であるといえるが、訴訟遅延を招く反訴が「合理的期間内に判決を得る原告の‘権利’」を侵害するからとも考えられうる(125)。ここでの問題は、規則80条の要件（とりわけ直接的関連性要件）を満たす反訴を却下できるのか、ということにあり(126)、理論上は裁判所の裁量による反訴却下が可能であると解される(127)。したがって、反訴による訴訟遅延を考慮してこの裁量が行使されたならば、直接的関連性が認定された反訴であっても却下されうる。近年、先決的抗弁を却下された被告が本案手続を遅らせるための新たな手段として反訴を利用しているとも指摘されており[128]、訴訟遅延防止の考慮は、こうした訴訟戦術の一環としての反訴濫用に対する歯止めとして、その妥当性を主張しうるとも考えられる。

しかし、実際に裁判所が訴訟遅延を理由として裁量で反訴を却下したことはない。ジェノサイド条約適用事件では、本訴と反訴の提起に四年間の隔たりがあり、審理対象となる事実も膨大であったが[129]、裁判所（多数意見）は訴訟遅延を理由として却下することはなかった[130]。答弁書において反訴が提起される限り[131]反訴の時期は考慮されないのであり、しかも事実認定により起こるかもしれない遅延が反訴却下を正当化する程度に至るのは容易ではないように思われる。

また、反訴として却下されたとしても、そのことにより同じ請求が別訴として裁判所に係属しうることまでは排除されない。したがって、本訴との直接的関連性を裁判所により認められた反訴が訴訟遅延を理由として却下された後に別訴として提起された場合には、以下のような問題が生じるであろう。まず、裁判所が別訴を本訴に併合（規則47条）するという措置を採るならば、手続上は反訴とほぼ同一の結論となり、これは、事実上、裏口からの反訴を認めるに等しい[132]。他方、別訴として処理する限り、本訴手続の遅延は生じないとしても、各判決間に時間のズレが生じることは避けられず、紛争の統一的かつ１回的処理は阻害される。つまり、手続上で反訴を迂回して本訴の遅延を防止し得たように見えても、実体上はその処理の妥当性が問われざるを得ないのである。

さらに、本案判決を遅らせる訴訟戦術として反訴が試みられる場合、本訴被告は判決を得ることを目的としていないため、同請求を別訴として提起する可能性は低いといわざるを得ない。このことを考慮するならば、裁判所の実行は裁判所が被告の反訴を奇貨として紛争の包括的処理を試みていることを示していると考えられないだろうか[133]。

以上のことを考え併せれば、裁判所が直接的関連性を認定した反訴を訴訟遅延を理由として自らの裁量において却下する可能性は理論上否定できないとはいえ、現在までの実行は、裁判所が迅速な裁判という手続上の要請よりも包括的紛争処理という実体上の考慮を重視していることを示すように思われる。

そして第２に、「先例」あるいは決定の一貫性といった手続法の観点からくる制約が考えられる。確かに、これを手続の先例拘束性という法的観点から見るならば、未解決の問題といわざるを得ない(134)。しかし、事実の問題として、手続規則の存在意義やその影響を無視することもまたできないであろう。つまり、手続の確かさとその安定性は訴訟当事国にとっての不可欠な保障であるため(135)、手続規則による手続の予見可能性がここで問題となりうるのである(136)。

この点に重きを置けば、直接的関連性の認定に関する裁判所の実行は、不確定要素を含んでいるものとして批判されるかもしれない。しかし、請求が事件の特殊性を必然的に反映することを考えれば、関連性の基準を客観的に精緻化していくことに、そもそも限界があるように思える。加えて、反訴の関連性要件は訴訟経済の観点からも評価され、それが要件の厳格な定式化による裁量の制限を拒むため(137)、良き司法運営は必ずしも規則の厳格性に馴染まないという性質を持つという点も見逃せない。したがって、サレルノが指摘するように(138)、裁判所は、反訴の受理を正当化する「直接的関連性」の基準を一定程度客観化させつつも裁量的評価の余地を残すことで、手続規則の予見可能性と良き司法運営のバランスを図っているのである。結局、手続規則は、訴訟当事国の（手続上の）権利保護のみならず、「良き司法運営」の実現にも資すべきものであり、これら諸原理のバランスを図るためにも裁判所には柔軟な裁量行使が求められていると解されよう。

以上より、反訴手続を柔軟に利用することで紛争の包括的処理を志向している裁判所の実行は、一定の正当性を持っていると結論付けられる。

【注】

（１）　D. Antilotti, La rconventione nella procedure internazionale, Scritti di diritto internazionale II（1957）, p. 234.（皆川洸「反訴」『国際訴訟序説』（鹿島研究所出版会，1963）167頁による）。

（２）　ちなみに、あらゆる請求を許容する反訴制度もありうる。1890年（明治23）年の日本旧民事訴訟法201条、ローマ法等を参照。新堂幸司・福永有利編

『注釈民事訴訟法(5)』(有斐閣，1999) 382-383頁、雉本朗造「反訴論」法学志林13巻10号 (1911) 7頁および47-49頁。

(3) 1922 PCIJ Rules of Court, Art. 40; 1936 PCIJ Rules of Court, Art. 63; 1946 ICJ Rules of Court, Art. 63; 1972 ICJ Rules of Court, Art. 68; 1978 Rules of Court, Art. 80. また、2000年12月5日に同80条は修正された (翌年2月1日に効力発生)。

(4) Rules of Court (1978) as amended on 5 December 2000, the text is available at the Court's website (www. icj-cij. org).

(5) Application de la convention pour la prévention et la répression du crime de génocide (Bosnie-Herzégovine *c.* Yougoslavie), demandes reconventionnelles, ordonnance du 17 décembre 1997, CIJ Recueil 1997, p. 257, para. 31.

(6) Application de la convention pour la prévention et la répression du crime de génocide, *id.* なお、「良き司法運営」と並び、「被告の'権利'」保護が濫用防止を目的とした直接的関連性要件の根拠とされているが、これは論点先取を含んでおり、現状では検討に値しないと思われる。*See* H. Thirlway, *Counterclaims Before the International Court of Justice: The* Genocide Convention *and* Oil Platforms *Decisions*, 12 LJIL (1999), p. 216.

(7) Application de la convention pour la prévention et la répression du crime de génocide, *supra* note 5, p. 257, para. 30.

(8) Application de la convention pour la prévention et la répression du crime de génocide, *supra* note 5, p. 256, para. 26; Les activités armées sur le territoire du Congo (République démocratique du Congo *c.* Ouganda), demandes reconventionnelles, ordonnance du 29 novembre 2001, CIJ Recueil 2001, p. 676, para. 28.

(9) 本章では、90年代後半以降の四判例 (ジェノサイド条約適用事件 Application de la convention pour la prévention et la répression du crime de génocide, *supra* note 5; 油井やぐら事件 Oil Platforms (Islamic Republic of Iran *v.* United States of America), Counter-Claim, Order of 10 March 1998, ICJ Reports 1998, p. 190; カメルーンとナイジェリアの領土および海洋境界事件 Frontière terrestre et maritime entre le Cameroun et le Nigéria (Cameroun *c.* Nigéria), demandes reconventionnelles, ordonnance du 30 juin 1999, CIJ Recueil 1999, p. 983; コンゴ領域における軍事活動事件 Les activités armées sur le territoire du Congo, *supra* note 8.) をその主な分析対象とする。なぜならば、ジェノサイド条約適用事件を契機として、手続 (先決手続での処理) 及び内容 (要件の定式化) につき反訴の形式及び実体の両面において判例の変更がみられるため、現在の裁判所の立場を考察する本章の関心からは上記四件の分析で十分であると思われるからである。ちなみに、反訴に関する常設国際司法裁判所

以来の先例は以下の通り。
　常設国際司法裁判所：３件

　ホルジョウ工場事件（賠償）　L'usine de chorzów（demande en indemnité）（Allemagne *c*. Pologne), fond, arrêt No, 13 du 13 septembre 1928, 1928 CPJI Sér. A, No. 17, p. 36 *et seq*.
　1925年５月15日、ドイツは、ポーランドがホルジョウ窒素工場をドイツ国有財産とみなして収用したことはドイツ人の支配する会社の財産収用を禁じたジュネーヴ条約に違反すると主張し、同条約第23条に基づいて裁判所へ提訴した。翌26年５月25日の判決でドイツが勝訴した（判決番号第７）が、その結果として行われたジュネーヴ条約の違反から生じた損害賠償についての２国間交渉は結局まとまらず、ドイツは1927年２月８日、再度ジュネーヴ条約に基づいて賠償支払いを求める請求を提起するに至った。それに対しポーランドは、1919年12月24日の契約［ホルジョウ工場委譲に関するドイツと上部シレジア窒素株式会社の契約］によりドイツ政府が自由に処分しうる株式全部（名目価格１億１千万マルク）を引き渡す旨判決することを本案の答弁書において裁判所に申立てた。裁判所は、反訴についての管轄権を両当事者の黙示の合意に基礎付けた（応訴管轄）後、「この反訴は、被告により提起された抗弁の基礎をなすベルサイユ条約第256条（上部シレジアにおいてドイツ帝国に属する一切の財産及び所有物をポーランドが取得する）に基づくものであり、したがって、それは本訴請求と法的に関連している（connexité juridique avec la demande principale)」と認定し（実質的条件)、同反訴が答弁書において表明された（形式的条件）ことも加えて、1922規則40条の要件を満たすと判示した。

　ミューズ河引水事件　Affaire des prises d'eau à la meuse（Les Pay-Bas *c*. Belgique), arrêt du 28 juin 1937 CPJI Sér. A/B, No. 70, pp. 7, 28 et 32.
　1936年８月１日、オランダは1863年４月12日に締結された条約の解釈と適用に関し、選択条項に基づいてベルギーを一方的に提訴した。それに対しベルギーは、答弁書において、オランダの堤防増築による同条約違反の認定およびユリアナ運河の給水が同条約に規律されることの確認を1936年規則63条に基づく反訴として提起した。オランダはベルギーの反訴に異議を唱えず、裁判所は「(反訴）請求は、本訴請求に直接関連しており、答弁書にて提起し得る」と述べて反訴を受理した。

　パネベジス＝サルヅチスキス鉄道事件　Affaire du chemin de fer panevezys-saldutiskis（Estonienne *c*. Lithuanienne), arrêt du 28 février 1939, 1939 CPJI Ser. A/B, No. 76, pp. 7-8.

1937年11月2日、エストニアは同鉄道の所有権とそれに基づく損害賠償に関して、選択条項に基づきリスアニアを一方的に提訴した。リスアニアは答弁書において、2つの先決的抗弁（1つ目は国籍継続の原則に基づき、2つ目は国内的救済完了原則に基づく）と同時に、エストニアの請求棄却とは代替的に損害賠償額に関する反訴を1936年規則63条に基づき提出。裁判所は、反訴の問題には何ら触れることなく、リスアニアの第2の抗弁（国内的救済が未完了）を認容して本案を却下した。

国際司法裁判所：2件

庇護事件　Affaire du droit d'asile（Colombie / Pérou), arrêt du 20 novembre 1950, CIJ Recueil 1950, pp. 266, 270-271, 280-281 et 288.

1949年10月15日、コロンビアは、アヤ・デ・ラ・トーレに対する庇護国として、条約および米州国際法の範囲内で庇護のために犯罪の性質を決定する権限を有することの確認ならびに領域国ペルーは同人が安全に国外へ退去するための必要な保証を与える義務を負うことの確認を求め、リマ議定書（1949年8月31日締結）に基づいて裁判所に提訴した。ペルーは、その答弁書において、コロンビアによる庇護の供与は1928年の庇護に関する条約に違反することの確認を1946年規則63条に基づく反訴として提出した（口頭弁論中に、庇護の維持も同条約違反であることを追加)。裁判所は、答弁書中の反訴のみを審査し、まず管轄権につきコロンビアが最終申立て段階で争わなかったことを理由に認容（応訴管轄)、直接的関連につき「(安全通行証の要求に関するコロンビアの請求と庇護の正規性に関するペルーの反訴請求の関係は、）安全通行証を要求しうる前に必要とされる一定条件が、まさに反訴により関係付けられる事実如何にかかるほど直接的である」としてその直接的関連性を認定し、反訴を受理した。

モロッコにおける米国民の権利事件　Right of Nationals of the United States in Morocco（France *v.* United States of America), Judgment of 27 August 1952, ICJ Reports 1952, pp. 176, 181 and 213.

1950年10月28日、フランスは統監命令（通貨割当てを伴わないモロッコへの輸入を規制。フランスまたはフランス連合地域は適用除外。）が仏米間の諸条約に照らして有効であること及びモロッコにおける米国民は同命令に服すべきことの確認を求めて、選択条項等に基づき裁判所に提訴した。米国はその答弁書において、モロッコにおける米国の条約上の権利が有効であり、上記統監命令はそれら権利を侵害している旨主張すると共に、モロッコ当局による課税価格の決定方法がアルヘシラス一般議定書に違反すること及び米国民に対する課税は同国の事前の同意を要することを反訴として提出した。原告（フランス）から反訴に対する何らの異議もなされず、裁判所も反訴受理の要件を何ら検討することなく、本案において本訴および反訴の両請求内容につき判断が下された。（課税への同意に関する請求は棄却。課税価格に関する請求につき一部認容。）

なお、反訴に関連しうる事件としては、漁業事件（被告ノルウェーが反訴を留保したが、被告勝訴に伴い反訴は取下げられた。*Voir* Affaire des pêcheries（Royaume-uni *c.* Norvège), Arrêt du 18 novembre 1951, CIJ Recueil 1951, p. 126; Pleadings I, p. 576 and IV, p. 692.）とテヘランにおけるアメリカ合衆国の外交領事職員事件（裁判所がイランによる反訴の利用可能性を指摘した。*See* United States Diplomatic and Consular Staff in Tehran（United States of America *v.* Iran), Provisional Measures, Order of 15 December 1979, ICJ Reports 1979, p. 15, para. 24.）もある。

また、これらの判例については、G. Guyomar, Commentaire du règlement de la Cour international de Justice adopté le 14 avril 1978（1983), pp. 521-525; S. Rosenne, The Law and Practice of the International Court 1920-1996（3rd Ed., 1997),（hereinafter cited as S. Rosenne, law and practice 3rd Ed.), pp. 1274-1276; S. Rosenne, *Counter-Claims in the International Court of Justice Revisited, in* C.A. Armas Barea *et al.*（ed.), Liber Amicorum 'In Memoriam' of Judge José María Ruda（2000),（hereinafter cited as S. Rosenne, revisited), pp. 459-468 も参照。

(10)　管轄権要件に関する議論は、判例上も大きな争点となっておらず、本章の主旨に鑑み、直接的関連性要件の議論に関わる限度においてのみ同要件にも触れることにする。

(11)　皆川・前掲注（1）162頁。

(12)　杉村敏正・天野和夫編『新法学辞典』（日本評論社，1991）896頁。民事訴訟法第146条も参照。

(13)　山田晟『ドイツ法律用語辞典（改訂増補版）』（大学書林，1993）732頁。現行法33条（法務大臣官房司法法制調査部編『ドイツ民事訴訟法』（法曹会，1982）19頁）も参照。

(14)　田中英夫『英米法辞典』（東京大学出版会，1991年）206頁。

(15)　B. A. Garner（ed.), Black's law dictionary（7th Ed., 1999), p. 353.

(16)　なお、イラン米国請求権裁判所においては、この種の反訴のみが受理されうる。*See* Claims Settlement Declaration, 19 January 1981, Art. II, para. 1, Iran-United States Claims Tribunal Reports Vol. 1, p. 9; Provisionally Adopted Tribunal Rules, 10 March 1982, Art. 18-19, *id.*, pp. 74-77. *See also* G. H. Aldrich, The Jurisprudence of the Iran-United States Claims Tribunal（1996), pp. 113-116.

(17)　山口俊夫『フランス法辞典』(東京大学出版会，2002) 154頁。*Voir aussi* G. Cornu, Vocabulaire juridique (8e Éd., 2000), p. 269.

(18)　G. Cornu, *id.*

(19)　R. Morel, Traité élémentaire de procédure civile (2e. Éd., 1949), pp. 293-294. この点に関しては、現行法においても変更はない。*Voir aussi* J. Vincent et S. Guinchard, Procédure civile (24e Éd., 1996), p. 705.

(20)　皆川・前掲注(1)162頁。

(21)　Application de la convention pour la prévention et la répression du crime de génocide, *supra* note 5, p. 256, para. 27.

(22)　ロゼンヌは、“principal”(英)は、“primitive”(仏)の誤訳である可能性を指摘している。*See* S. Rosenne, revisited, *supra* note 9, p. 458. ただ、同語は、英米法上、「本訴手続における主要な請求」の意として、使用されているようである。*See* B.A.Garner (ed.), *supra* note 15, p. 441.

(23)　Application de la convention pour la prévention et la répression du crime de génocide, *supra* note 5, p. 257 para. 29; Frontière terrestre et maritime entre le Cameroun et le Nigéria, *supra* note 9, p. 985; Les activités armées sur le territoire du Congo, *supra* note 8, pp. 676-677, para. 29. なお、この点にはフランス法上の概念が影響を与えていると解される。*Voir* L. Savadogo, *La renaissance de la procédure des demandes reconventionnelles*, 32 Revue belge droit international (1999), p. 245.

(24)　Affaire relative a la sentence arbitrale du 31 juillet 1989 (Guinée-bissau *c.* Sénégal), fond, arrêt du 12 novembre 1991, CIJ Recueil 1991, p. 57, para. 10; p. 74, para. 65; p. 75, para. 69(3). *See also* S. Rosenne, revisited, *supra* note 9, p. 473.

(25)　Application de la convention pour la prévention et la répression du crime de génocide, *supra* note 5, p. 256, para. 27.

(26)　事項管轄権による反訴の限定も紛争主題の拡大に対する制限と考えられるが、管轄権に関する要件は本章の検討範囲を超える。ただ、事項管轄による制限は、応訴管轄 (*forum prorogatum*) により治癒すると考えられる点だけ指摘しておく。*See* S. Rosenne, law and practice 3rd Ed., *supra* note 9, p. 1276.

(27)　S. Rosenne, revisited, *supra* note 9, p. 458.

(28)　Affaire du droit d'asile (Colombie / Pérou), Arrêt du 20 novembre 1950, CIJ Recueil 1950, p. 280.

(29)　例えば、どの「紛争」か（一応、原告の主張をもとに裁判所が構成する「紛争」と解するのが妥当であるように思われる。）という問題やどの程度で「変質」とみなしうるかといった問題があげられよう。

(30)　本書第1章を参照。とりわけ、判決内在請求につき、プレアビヘア寺院事件（Case concerning the Temple of Preah Vihear（Cambodia *v.* Thailand), Merits, Judgment of 15 June 1962, ICJ Reports 1962, p. 30）を、また、紛争の性質変化については、ベルギー商事会社事件（Société commerciale de Belgique（Belgique *c.* Grèce), arrêt du 15 juin 1939, 1939 CPJI（Ser. A/B）No. 78, p. 173.)、ニカラグア事件（Military and Paramilitary Activities in and against Nicaragua（Nicaragua *v.* United States of America), Jurisdiction and Admissibility, Judgment of 26 November 1984, ICJ Reports 1984, pp. 426-427, paras. 77-80.)、ナウル燐鉱事件（Certaines terres à phosphates à Nauru（Nauru *c.* Australie), exceptions préliminares, arrêt du 26 juin 1992, CIJ Recueil 1992, pp. 266-267, paras. 68-71.）をそれぞれ比較参照。

(31)　杉村他編・前掲注(12)327頁。「相手方の申立てや主張をただ否認するのではなく、この排斥を求めるために相容れない別個の事項を主張すること。防禦の一種」。

(32)　Application de la convention pour la prévention et la répression du crime de génocide, *supra* note 5, p. 257, para. 29.

(33)　L. Savadogo, *supra* note 23, pp. 246-247. しかし、パネベジス鉄道事件では、本訴却下（国内的救済未完了）のため、未審査であった。See *supra* note 9.

(34)　裁判所は、防禦の審理は本訴請求の決定に含まれるため、それには規則80条は適用されないと指摘した。Application de la convention pour la prévention et la répression du crime de génocide, *supra* note 5, p. 257, para. 28. *See also* H. Thirlway, *supra* note 6, p. 206.

(35)　Application de la convention pour la prévention et la répression du crime de génocide, *supra* note 5, pp. 289-291（Vice-President Weeramantry, Dissenting Opinion).

(36)　R. Genet, *Les demandes reconventionnelles et la procédure de la C.P.J.I.*, 19 Revue de droit international et de législation comparée（1938), p. 175; O. L. Pegna, *Counter-claims and Obligations* Erga Omnes *before the International Court of Justice*, 9 EJIL（1998), p. 726; Y. Nouvel, *La receivabilité des demandes reconventionnelles devant la cour internationale de justice à la lumière de deux ordonnances récentes*, 44 AFDI（1998), p. 328.

(37)　PCIJ Ser. D, No. 2, 4th add., p. 262.

(38)　PCIJ Ser. D, No. 2, 3rd add., p. 106.

(39)　PCIJ Ser. D, No. 2, 3rd add., p. 108.

(40)　H. Thirlway, *supra* note 6, p. 212.

(41)　*See* Application de la convention pour la prévention et la répression du crime de génocide, *supra* note 5, p. 257, para. 29; Les activités armées sur le territoire du Congo, *supra* note 8, pp. 676-677, para. 29.

(42)　フロマジョー（H. Fromageot）は、反訴を「本訴請求の諸事実に直接依存している請求」と定義していた。*See* PCIJ Ser. D, 4th add., p. 264.

(43)　M.O. Hudson, The Permanent Court of International Justice, 1920-1942, (1943), pp. 292-293.（管轄権要件の適用を除外しうる事由の問題）、The Research in international law, Harvard law school, AJIL suppl. (1932), pp. 490-493.

(44)　Application de la convention pour la prévention et la répression du crime de génocide, *supra* note 5, p. 252, para. 11.

(45)　*Id.*, p. 254, para. 18.

(46)　*Id.*, p. 256, para. 23.

(47)　ロゼンヌも、文言解釈から、反訴が基礎とする事実は答弁書で提起される事実を含むと解する。*See* S. Rosenne, revisited, *supra* note 9, p. 458.

(48)　なお、「主題（subject-matter）」の語は、1946年改正の際に追加修正された。

(49)　Oil Platforms, *supra* note 9, pp. 200-201, para. 23.

(50)　Application de la convention pour la prévention et la répression du crime de génocide, *supra* note 5, p. 258, para. 34; Oil Platforms, *supra* note 9, p. 205, para. 38.

(51)　P. Bekker, *New ICJ jurisprudence on counterclaims-interpretation of Article 80 of Rules of Court*, 92 AJIL (1998), p. 511, *esp.* note 8.

(52)　F. Salerno, *La demande reconventionnelle dans la procédure de la Cour internationale de Justice*, 103 RGDIP (1999), p. 358.

(53)　Application de la convention pour la prévention et la répression du crime de génocide, *supra* note 5, p. 257, para. 29; Frontière terrestre et maritime entre le Cameroun et le Nigéria, *supra* note 9, p. 985; Les activités armées sur le territoire du Congo, *supra* note 8, pp. 676-677, para. 29. なお、油井やぐら事件においては、「イランは、米国の請求が防禦としてではなく、規則80条の意味における『反訴』として提起されたことを争っていない」として、この点の言及はなされていない。Oil Platforms, *supra* note 9, p. 203, para. 32.

(54)　S. Rosenne, revisited, *supra* note 9, p. 458.

(55)　S. Rosenne, *The International Court of Justice: Revision of Article 79 and 80 of the Rules of Court*, 14 LJIL (2001), p. 85.

(56)　同要件の起草過程に関しては、H. Thirlway, *supra* note 6, pp. 203-208; S. Rosenne, revisited, *supra* note 9, pp. 463-465; 山形英郎「国際司法裁判所における反訴の受理可能性」安藤仁介他編『21世紀の国際機構：課題と展望』（東信堂，2004）374-381頁を参照。

(57)　1978年改正の際、「請求訴状［Application, Requête］の主題」から「他方の当事者の請求［claim, demande］の主題」へと文言の変更がなされた。この「他方の当事者」という用語は、いわゆる「枠組み合意」の事例における実質的な原告－被告関係を包含することができ、これによって反訴の適用範囲が一方的提訴の事例に限定されないことになったのである。*See* S. Rosenne, *supra* note 55, p. 85.

(58)　Application de la convention pour la prévention et la répression du crime de génocide, *supra* note 5, pp. 249-251, para. 33.

(59)　Frontière terrestre et maritime entre le Cameroun et le Nigéria, *supra* note 9, p. 985. モロッコにおける米国民の権利事件（*See supra* note 9.）における対応と比較せよ。

(60)　裁判所規則80条１項および３項。*See supra* note 4.

(61)　*See* PCIJ Ser. D, No. 2, 3rd add., p. 781. *Voir aussi* M. Scerni, *La procédure de la Cour permanente de Justice internationale*, RdC（1938-III）, p. 645.

(62)　例えば、ペグナは、反訴請求が本訴請求と全く「同一の」事実を基礎にしていることを基準として挙げる。*See* O.L. Pegna, *supra* note 36, p. 734. また、油井やぐら事件において、小田判事は「（ジェノサイド条約適用事件では、）（本訴）被告により反訴として提起された問題と（本訴）原告の（紛争）主題は、各反訴請求に含まれている法的問題の慎重な検討なしにはその直接的関連性が認定できないほどに連結［interlink］していた。」と指摘している。*See* Oil Platforms, *supra* note 9, pp. 215-216, para. 9（Judge Oda, Separate Opinion）. ちなみに、コンゴ事件では、この問題が請求内容の次元ではなく、「法的議論」次元での問題として再構成されていた。*Voir* Les activités armées sur le territoire du Congo, *supra* note 8, p. 667, para. 10. 加えて、コンゴは、ウガンダによるコンゴ建国以前の時期に関する反訴請求および請求訴状提出以後に生じた事実に基づく反訴請求について、ウガンダがそれら反訴請求と防禦との関連性を示していないとも主張していた。（*voir id.*, p. 668, para. 12.）これらの主張に対してウガンダは、反訴と防禦が密接に関連していることを反訴の受理要件と見なすコンゴの主張は学説あるいは判例のいずれによっても支持されないと反論し（*voir id.*, p. 671, para. 19.）、裁判所もウガンダの主張を認容した（*voir id.*, pp. 678-679, para. 38.）。

(63)　H. Thirlway, *supra* note 6, p. 219.

(64)　なお、これら諸事件には1978年規則の規定が適用された。しかし、本章で論ずる直接的関連性の基準に関しては、2000年修正規則も同内容であり、文言上明確になった部分はない。

(65)　本章は、反訴に関する手続上の問題全てを扱うわけではないので、直接的関連性の問題以外の手続的発展についての事実は割愛する。そうしたものの一つに「両当事者の聴取」の解釈があるが、裁判所は口頭弁論ではなく文書提出をもって十分と判断した。この問題については、S. Rosenne, *Controlling Interlocutory Aspects of Proceedings in the International Court of Justice*, 94 AJIL（2000）, p. 309 を参照。

(66)　Application de la convention pour la prévention et la répression du crime de génocide, *supra* note 5, pp. 249-251, para. 5.

(67)　Application of the Convention on the Prevention and Punishment of the Crime of Genocide, Provisional Measures, Order of 8 April 1993, 1993 ICJ Reports p. 3; Application of the Convention on the Prevention and Punishment of the Crime of Genocide, Provisional Measures, Order of 13 September 1993, ICJ Reports 1993, p. 325.

(68)　Application de la convention pour la prévention et la répression du crime de génocide（Bosnie-Herzégovine *c*. Yougoslavie）, exceptions préliminaires, arret du 11 septembre 1996, CIJ Recueil 1996, p. 595.

(69)　Application de la convention pour la prévention et la répression du crime de génocide, *supra* note 5, pp. 249-251, para. 5. なお、本反訴請求は、2001年にユーゴスラビアにより撤回された。Application de la convention pour la prévention et la répression du crime de génocide（Bosnie-Herzégovine *c*. Yougoslavie）, ordonnance du 10 septembre 2001, CIJ Recueil 2001, pp. 572-573.

(70)　Oil Platforms, *supra* note 9, p. 190.

(71)　裁判所は、1955年条約21条 2 項に基づき、同条約10条 1 項の下でイランが提起した請求を判断する管轄権を有すると確認した。Plates-formes pétrolières（Republique islamique d'Iran *c*. Etats-Unis d'Amérique）, exceptions préliminaire, arrêt du 12 décembre 1996, CIJ Recueil 1996, p. 821, para. 55.

(72)　Oil Platforms, *supra* note 9, pp. 192-193, para. 4. なお、本件における反訴請求は、立証が不十分であるという理由により本案段階では棄却された。Oil Platforms（Islamic Republic of Iran *v*. United States of America）, Judgment of 6 November 2003, ICJ Reports 2003, pp. 217-218, paras. 123-124 and 125(2).

(73)　Frontière terrestre et maritime entre le Cameroun et le Nigéria, *supra* note 9, p. 983.

(74)　1994年 6 月 6 日の追加請求訴状により、チャド湖地域のカメルーン領域の主権をめぐる紛争まで訴訟主題が拡大された。*Voir* Frontière terrestre et maritime entre le Cameroun et le Nigéria（Cameroun *c*. Nigéria）, ordonnance du 16 juin 1994, CIJ Recueil 1994, p. 105.

(75)　Frontière terrestre et maritime entre le Cameroun et le Nigéria（Cameroun *c*. Nigéria）, mesures conservatoires, ordonnance du 15 mars 1996, CIJ Recueil 1996, p. 13.

(76)　Frontière terrestre et maritime entre le Cameroun et le Nigéria (Cameroun *c*. Nigéria), exceptions préliminaires, arret du 11 juin 1998, CIJ Recueil 1998, p. 275.

(77)　Demande en interpretation de l'arrêt du 11 juin 1998 en l'affaire de la Frontière terrestre et maritime entre le Cameroun et le Nigéria (Cameroun *c*. Nigéria), exceptions préliminaires (Cameroun *c*. Nigéria), arrêt du 25 mars 1999, CIJ Recueil 1999, p. 31.

(78)　なお、本件における反訴請求は、立証が不十分であるという理由により本案段階では棄却された。Frontière terrestre et maritime entre le Cameroun et le Nigéria (Cameroun *c*. Nigéria; Guinee equatoriale (intervenant)), arrêt du 10 octobre 2002, CIJ Recueil 2002, pp. 453 and 458; paras. 324 and 325, V (E).

(79)　Les activités armées sur le territoire du Congo, *supra* note 8.

(80)　*Id*., p. 678, para. 37.

(81)　Application de la convention pour la prévention et la répression du crime de génocide, *supra* note 5, p. 260, para. 43(A); Oil Platforms, *supra* note 9, p. 206, para. 46(A); Frontière terrestre et maritime entre le Cameroun et le Nigéria, *supra* note 9, p. 986; Les activités armées sur le territoire du Congo, *supra* note 8, p. 682, para. 51(A)(1) et(2). ただし、ジェノサイド事件では、文言上、①と②の請求が含まれているか不明確であるが、傍論から反訴としては却下されたものと解するのが妥当であろう。Application de la convention pour la prévention et la répression du crime de génocide, *supra* note 5, p. 257 para. 29.
　また、コンゴ対ウガンダ事件では、ルサカ合意に基づく反訴は却下された。Les activités armées sur le territoire du Congo, *supra* note 8, p. 682, para. 51(A)(3)(後述(1)(c)及び(2)を参照)。

(82)　Application de la convention pour la prévention et la répression du crime de génocide, *supra* note 5, p. 258 para. 33; Oil Platforms, *supra* note 9, pp. 204-205, para. 37. なお、コンゴ対ウガンダ事件における命令では、「その裁量において (souverainement, in its sole discretion)」の文言が脱漏している。*Voir* Les activités armées sur le territoire du Congo, *supra* note 8, p. 678, para. 36. カメルーン対ナイジェリア事件では定式化自体が明示されていないが、命令中の立論からは同定式に依拠しているものと解される。

(83)　Application de la convention pour la prévention et la répression du crime de génocide, *supra* note 5, p. 258, para. 34; Oil Platforms, *supra* note 9, p. 205, para. 38; Frontière terrestre et maritime entre le Cameroun et le Nigéria, *supra* note 9, p. 985; Les activités armées sur le territoire du Congo, *supra* note 8, pp.

678-680, paras. 38, 40 et 42.

(84)　Application de la convention pour la prévention et la répression du crime de génocide, *supra* note 5, p. 258, para. 34.

(85)　Oil Platforms, *supra* note 9, p. 205, para. 38.

(86)　Frontière terrestre et maritime entre le Cameroun et le Nigéria, *supra* note 9, p. 985.

(87)　ちなみに、ウガンダは、２点目の請求につき、争点となる行動がコンゴ領域で起こったことを指摘している。Les activités armées sur le territoire du Congo, *supra* note 8, pp. 673-674, para. 22.

(88)　Les activités armées sur le territoire du Congo, *id.*, pp. 678-679, para. 38 et 40.

(89)　Application de la convention pour la prévention et la répression du crime de génocide, *supra* note 5, p. 258, para. 34; Oil Platforms, *supra* note 9, p. 205, para. 38.

(90)　Frontière terrestre et maritime entre le Cameroun et le Nigéria, *supra* note 9, p. 985.

(91)　Les activités armées sur le territoire du Congo, *supra* note 8, p. 679, para. 40.

(92)　*Id.*, p. 679, para. 39.

(93)　*Id.*, pp. 678-679, para. 38（強調引用者）.

(94)　「抗争」という訳語は、廣瀬和子「冷戦後世界における紛争の多様化と秩序形成のメカニズム」『日本と国際法の100年　第９巻　紛争の解決』（三省堂, 2001）１-３頁に倣った。廣瀬は、抗争を「『争い』の実態」あるいは「実体的な衝突、矛盾、不可両立性、対立そのもの」と定義する。なお、廣瀬の用語法によれば、本件の場合は「武力抗争」と言う方がより正確であるかもしれない。

(95)　Les activités armées sur le territoire du Congo, *supra* note 8, pp. 669-670, para. 14.

(96)　*Id.*, pp. 674-675, para. 23.

(97)　*Id.*, p. 680, para. 42.

(98)　*Id.*, pp. 666-667, para. 9; p. 668, para. 12.

(99)　*Id.*, pp. 671-673, paras. 20-21.

(100)　*Id.*, pp. 678-679, para. 38.

(101)　*Id.* なお、同反訴請求は、立証が不十分であるという理由により本案段階では棄却された。Armed Activities on the Territory of the Congo (Democratic Republic of Congo *v.* Uganda), Merits, Judgment of 19 December 2005, (the text is available at the Court's website), paras. 276-305 and 345(9).

(102)　Les activités armées sur le territoire du Congo, *supra* note 8, pp. 668-669, para. 13.

(103)　*Id.*, pp. 673-674, para. 22.

(104)　*Id.*, p. 679, para. 40（強調引用者）．なお、同反訴請求は、一部（ウガンダ国民に対する外交的保護請求について）却下されつつも、本案段階において認容された。Armed Activities on the Territory of the Congo（Democratic Republic of Congo *v.* Uganda), Merits, Judgment of 19 December 2005, paras. 306-344 and 345(11)-(13).

(105)　Les activités armées sur le territoire du Congo, *supra* note 8, pp. 684-685 (Judge *ad hoc* Verhoeven, Declaration).

(106)　H. Thirlway, *supra* note 6, p. 217.

(107)　Application de la convention pour la prévention et la répression du crime de génocide, *supra* note 5, p. 255, para. 20.

(108)　Oil Platforms, *supra* note 9, p. 201, para. 24.

(109)　Application de la convention pour la prévention et la répression du crime de génocide, *supra* note 5, p. 258, para. 34; Oil Platforms, *supra* note 9, p. 205, para. 38. ジェノサイド条約適用事件では、「同一（identique, identical)」事実という強い表現が使用されていたが、油井やぐら事件では「同じ（same, même)」という表現が使用された点に文言上相違がある。なお、ジェノサイド条約適用事件につき、「同一」の用語は厳密さに欠けるとの指摘もある。*See* H. Thirlway, *supra* note 6, p. 217.

(110)　“en outré”（仏）ないし“moreover”（英）が挿入されていることから推測される。

(111)　Frontière terrestre et maritime entre le Cameroun et le Nigéria, *supra* note 9, p. 985; Les activités armées sur le territoire du Congo, *supra* note 8, pp. 678-679, paras. 38 et 40.

(112)　Application de la convention pour la prévention et la répression du crime de génocide, *supra* note 5, pp. 249-251, para. 35.

(113)　Oil Platforms, *supra* note 9, p. 205, para. 38.

(114)　Les activités armées sur le territoire du Congo, *supra* note 8, pp. 678-679, para. 38.

(115)　*Id.*, p. 679, para. 40. ちなみに、本案段階において、この文言にウガンダが第2反訴の法的基礎として援用した外交関係に関するウィーン条約は含まれる、と解された。Armed Activities on the Territory of the Congo（Democratic Republic of Congo *v.* Uganda), Merits, Judgment of 19 December 2005, paras. 312-327.

(116)　*Id.*, p. 680, para. 42.

(117)　Oil Platforms, *supra* note 9, p. 204, para. 36. *Voir aussi* F. Salerno, *supra* note 52, p. 366.

(118)　原告は「国際法及び慣習国際法の義務」または「条約上及び慣習法上の義務」とだけ述べ、また、被告によるこうした言及はない。*Voir* La requête et le memoire par Cameroun.

(119)　命令の文言も「各当事国の請求が、同じ法的目的を追求している」と述べており、他の判例（「両当事国が」）とは主語が微妙に異なっている。Frontière terrestre et maritime entre le Cameroun et le Nigéria, *supra* note 9, p. 985.

(120)　認定に際して関連性の2要素（事実上・法上）が必ずしも必要ではないと主張する学説（F. Salerno, *supra* note 52, p. 349.）もあるが、実行上、裁判所は両要素を常に検討してその両方を認定するか否定するかしており、必ずしも単一の要素だけで十分と判断しているかは明らかではない。

(121)　なお、訴訟参加につき、こうした政策的判断の介在を否認した例もあり、関連性の評価という点から一般にこうした裁量が認められるわけではない。*Voir* Plateau continental, requête de Malta a fin d'intervention, arrêt du 14 avril 1981, CIJ Recueil 1981, p. 12, para. 17.

(122)　「請求主題」と「紛争主題」とを厳格に区別する立場によれば、こうした裁判所の実行は、規則80条の文言からの逸脱として批判されるかもしれない。両者の区別については、本書第1章を参照。

(123)　*See* S. D. Murphy, *Amplifying the World Court's Jurisdiction Through Counter-Claims and Third-Party Intervention*, 33 Geo. Washi. Int'l L. Rev. (2000), p. 20.

(124)　国内法上も「著しく訴訟手続を遅滞させることとなるとき」、反訴は却下される（日本民事訴訟法146条1項但し書き）。

(125)　Application de la convention pour la prévention et la répression du crime de génocide, *supra* note 5, p. 276, (Judge Koroma, Separate Opinion).

(126)　*See, id.*, pp. 294-296, (Judge Weeramantry, Dissenting Opinion).

(127)　規則80条3項。裁判所が職権により、別訴として総件名簿に搭載できるかは、78年規則において不明確であったが、現行規則ではこうした取り扱いも可能と解される。*See* S. Rosenne, *supra* note 55, p. 87.

(128)　*See* P. Bekker, *supra* note 51, pp. 513 and 515.

(129)　ボスニアのジェノサイド条約違反を立証するために提出されたユーゴの文書は700頁以上に渡るといわれる。*See* Application de la convention pour la prévention et la répression du crime de génocide, *supra* note 5, p. 295 (Judge Weeramantry, Dissenting Opinion).

(130)　「合理的な期間内にその請求を裁判される原告の利益を見失ってはならない（下線引用者）」とだけ言及されている。Application de la convention pour la prévention et la répression du crime de génocide, *id.*, pp. 259-260, para. 40.

(131)　油井やぐら事件において裁判所は、規則80条２項により答弁書の提出以降に反訴を提起することは認められないとする解釈を明らかにしたとされる。Oil Platforms, *supra* note 9, pp. 197 and 202-203, paras. 15, 27 and 32. *See also* P. Bekker, *supra* note 51, p. 514.

(132)　「判例上、併合に用いられる関連性の規準は、反訴におけるそれよりも緊密である。」（F. Salerno, *supra* note 52, p. 348.）と指摘されるが、明らかではない。この点の検討は、他日を期したい。

(133)　現行規則80条３項のもとでは、直接的関連性の認定がされなかった請求を裁判所が別訴として総件名簿に登録する処理もありうる。しかし、未だこうした実行はない。もし、裁判所が反訴の内容を別訴として登録した後に併合するならば、理論上はともかく、その実際的帰結は反訴と全く同じとなろう。*See* S. Rosenne, *supra* note 55, p. 87. なお、山形英郎は、直接的関連性の認定されなかった請求を併合する「裁量的併合」が現行規則において消滅した点を、反訴制度の変質として批判する。山形英郎「国際司法裁判所における反訴手続―国際司法裁判所規則第80条の改正（2000年）の意義」浅田正彦編『二一世紀国際法の課題』（有信堂，2006）259-270頁。

(134)　この点に関し、サールウェイは、「規程および規則の解釈問題であり、条約解釈の原則に基づく」と指摘し、「一度採られた解釈は軽々しく放棄されるべきではない」と主張する。*See* H. Thirlway, *supra* note 6, p. 199, *esp.* note 8.

(135)　*Voir* L. Savadogo, *supra.* note 23, p. 269.

(136)　*Voir* F. Salerno, *supra* note 52, p. 377.

(137)　*Voir* F. Salerno, *id.*, p. 351.

(138)　*Voir* F. Salerno, *id.*, p. 378.

第3章　国際司法裁判所による請求の職権的統制

上記第1章及び第2章では、当事者主張の規律という観点から、紛争事実関係と請求との関係を検討してきた。しかし、「紛争事実関係の請求への変形ないし加工」過程は、当事者の主張過程後の判決作成段階においても裁判所により継続されうる[(1)]。つまり、そうした「変形・加工」は、第1次的には当事者の見解においてなされるが、最終的には裁判所の見解を反映するものと考えられるのである[(2)]。こうした認識のもと、本章では、裁判所による請求の職権的統制という観点から紛争事実関係と請求との関係を検討するため、判決をその対象として考察を進めることにする。ここでの問題は、判決において、裁判所は如何にして、そしてどの程度、紛争事実関係を考慮し、それと請求との関連性を確保しうるのか、また確保してきたのかということにある。

ここで、理論上の問題として、そもそも判決手続中に裁判所自身が法的に請求を変動させうるのかという問題を検討しておく必要があろう。そのため、まず、判決作成段階において請求（請求事項）を規律する原則を確認しておくことが本章の出発点となる（第1節1）。この検討を通じて、裁判所の請求解釈権に焦点を当てる重要性を明らかにし、同権限の内容を考察していくことにする（同節2）。そして、この理論上の枠組みを基礎にして、第2節では、請求解釈権の行使態様に即して判例を分析し、裁判所の職権的請求統制の実態を明らかにしたい。

以上の分析を通じて、裁判所自身が紛争事実関係に請求を対応させようと試みていることを実証し、その理論上及び実行上の妥当性を考察したいと考える。

第1節　請求事項と判決事項

裁判所は判決をするにあたって、当事者の申し立てた事項について判決をしなければならない。当事者の申し立てざる事項について判決をしたり、当事者の申し立てた事項の範囲を逸脱して判決をすることは許されず、申し立てられた事項を判決しないこともまた原則として許されない。つまり、当事者の申し立てた事項ないし裁判所が決定を求められている事項（請求事項）と、裁判所が判決すべき事項ないし実際に決定する事項（判決事項）とは、一致しなければならないのである。こうした原則は、日本法（民事訴訟法246条）では明確に規定されており、国際法上も、*non ultra*（*infta*）*petita* 規則として知られている。しかし、同規則の正確な適用範囲ないし機能領域は、必ずしも明らかとはいえない。

本節では、まず、*non ultra petita* 規則が「請求事項と判決事項の一致」を要求する規則として確立しており、同規則の適用に際しては、請求事項の同定が決定的重要性を持つことを確認する。そして、請求事項の同定についての判断権自体が、裁判所に属していること（請求解釈権）を明らかにし、理論上、同権限の行使により請求の職権的統制が可能であることを明らかにする。

1　*Non ultra petita* 規則

同規則は、明文で規定されているわけではないが、判例上、知られている。以下では、その内容を確認した後、管轄権と請求事項との関係を分析することにより、同規則の機能領域を明らかにしておきたい。

(1)　規則の内容

請求事項と判決事項が一致するということは、判決事項が量的に請求事項の範囲内にあり、質的にも両者が同一であるということを意味する。それでは、これら要素が国際司法裁判所において言及される *non ultra petita* 規則に見いだせるのかを確認することにより、同規則の内容を確定しておきたい。

国際司法裁判所における *non ultra petita* 規則が、判決事項の量的範囲を規律する原則として機能することに疑いはない。例えば、原告の申し立てた損害賠償額の上限を越えて、判決事項とすることはできない。このことは、コルフ海峡事件（賠償）において明らかにされている。本件において、ソウマレス号の損害額についての英国の最終申立ては、700,087ポンドであったのに対し、裁判所が委託した専門家による鑑定額は、716,780ポンドであった。これに対し、裁判所は「英国政府の申立てにおいて請求された金額以上の賠償を認めることはできない」(3)と述べ、英国の請求額を超える判決を与えなかったのである。この点、ロゼンヌの指摘するように、「裁判所が、規則の効果につき他の立場を採用するであろうと考える理由はない。」(4)

また、請求事項と判決事項の質的同一性が維持されねばならないということについては、庇護事件（解釈要請）における以下の定式に示されているといえる。

> 「当事者の最終申立てにおいて述べられた問題に答えるだけでなく、それら申立てに含まれていない論点の決定を下す（statuer）ことを差し控えることも裁判所の任務である」(5)。

まず、上記定式における前段の命題（請求事項に決定を下さねばならない）は、司法機能の前提をなすものであり、裁判所が「付託される紛争を国際法に従って裁判する（decide, régler）ことを任務」（裁判所規程38条）とすることからもその妥当性が首肯されよう。ただし、請求事項が司法機能の範囲外、ないしその限界を超える場合はこの限りではない(6)。つまり、請求に裁判適合性が備わっていない場合（上部サヴォアおよびジェックス自由地帯に関する事件(7)、アヤ・デ・ラ・トーレ事件(8)）やムートネス法理により管轄権行使自体が否定される場合（北部カメルーン事件(9)）には、裁判所は例外的に請求事項を判断することなく却下判決をなしうると解される。

他方、後段の命題（請求されていない事項には決定を下してはならない）は、狭義の *non* ***ultra*** *petita* 規則であるといえよう。判例上、例えば、インド領通行権事件において、裁判所は以下のように述べている。

「裁判所は、この問題を扱うように求められていない。なぜならば、請求訴状でも最終申立てでも、1954年にダドラとナガール・アベリにおける事件を扇動し、起こした人々に対するインドの態度が国際法上の義務違反を構成するかどうかを決定することは求められていなかった。裁判所は、インドの行動とポルトガルの通行権から帰結する義務との両立性を裁判することを求められているに過ぎず、インドの行動が国際法によって同国に課されるべきであると主張される他の義務と両立しているかどうかを決定するよう求められてはない。」(10)

また、バルセロナ・トラクション電力会社事件（新提訴）においても、以下のように指摘された。

「請求訴状ならびに1969年７月８日に補佐人が与えた回答から、原告ベルギー政府は、その請求を株主の固有権の侵害に基礎づけなかったものと認定した。裁判所は、ベルギー政府によりすでに表明された請求を越えることができず、これ以上この問題（株主の固有権に対する侵害に伴う求償権）を審査しないことにする。」(11)

これら事例は、申立てに含まれていない論点（請求事項ではない問題）を裁判所が職権的に指摘することにより、同規則を適用したものと評せよう。

そして、逮捕状事件に至り、上記の庇護事件（解釈請求）の定式は、「確立した原則」としての *non ultra petita* 規則であると判示され、その適用範囲が「主文」に限定されることも明らかにもされたのであった(12)。本件において、原告コンゴが普遍的管轄権の問題に関する申立てを撤回しており、被告ベルギーは *non ultra petita* 規則を援用して、裁判所は同問題には如何なる決定も下すことができないと論じていた。これに対し、裁判所は、「*non ultra petita* 規則は、裁判所が理由中で法的問題を扱うことを排除しえない。」(13)と述べたのである(14)。

以上より、質的側面に関しての *non ultra petita* 規則は、「請求事項である問題に、主文中で答えなければならない」および「請求事項でない問題に、主文中で答えてはならない」、という2命題をその内容として含む規則として、判例上、言及されてきたといえる。そして、その論理的帰結として、請求事項でない問題に主文中で答えること（逸脱、*ultra petita*）[15]、および請求事項である問題に主文中で答えないこと（脱漏、*infra petita*）[16]は、原則、同規則違反となると考える[17]。

(2)　管轄権との関係

Non ultra petita 規則は、日本法では手続規則とされており、国際司法裁判所の訴訟においても、手続規則とみなされうることに争いはない[18]。この性格付けは、量的側面（損害賠償額の上限）に関しては特に当てはまるといえる。しかし同時に、同規則に関して、フィッツモーリスは「厳密には、管轄権の規則であり、その主な側面は同意原則の派生物である」[19]というし、ロゼンヌも「国際訴訟では管轄権の一側面ともみなしうる。」[20]と指摘する。同規則は請求事項の「量」および「質」に関する規則であるため、管轄権の規則であるということは一見したところ明らかとはいえず、規則の機能領域を考える上で、如何なる意味において同規則が管轄権と関係しているのかを検討しておく必要がある。ここでの問題は、管轄権の同意原則の中で請求事項の占める位置にある。換言すれば、管轄権の基礎をなす文書によって与えられる形式的・潜在的同意と申し立てられた請求事項による個別的・具体的同意とを、管轄権の「同意原則」の中で如何に理解するのかということである。

それでは、管轄権と請求事項の関係を検討することで、同規則の機能領域を明らかにし、その適用条件を確認しておきたい。提訴形式により管轄権と請求事項の関係は異なるため、以下、合意提訴と一方的提訴に分けて、分析を進めることにする。

(a)　合意提訴の場合

付託合意（special agreement, *compromis*）に基づく合意提訴の場合、管轄権と請求事項は、当該付託合意によって同時に設定される[21]。つまり、管轄権の設定も請求事項の同定も共に付託合意の解釈問題に収斂するのである。それゆえ、請求事項に対する申立ての効果は限定されたものに留まり、この点はロチュース号事件における以下の判示から明らかである。

「裁判所は、係争当事者間で締結された付託合意の通告により本件を管轄することになったから、裁判所がその決定すべき正確な論点を認定するにあたって、依拠しなければならないのは、当事者の申立てと言うよりは、むしろこの合意の条項である。」(22)

この場合、付託合意に規定された請求事項に対してのみ管轄権が設定されるため、両者は一致しており、それゆえ事項管轄権の逸脱・脱漏と請求事項の逸脱・脱漏も必然的に一致する。ここでは *non ultra petita* 規則と権限踰越とが分離できないのであり、前者は後者の１形態として把握されるという意味において管轄権規則であるといえよう。したがって、この場合における *non ultra petita* 規則は、管轄権の観点からのみ評価されるのであり、リビア・マルタ事件における、「裁判所は、当事国によって与えられた管轄権を越えてはならないが、その管轄権を完全に行使しなければならない」(23)との指摘にそのことがみてとれると考えられる。

⒝　一方的提訴の場合

他方、一方的提訴の場合、管轄権と請求事項は別個に設定される。つまり、管轄権は管轄権の基礎となる文書の解釈により、請求事項は申立て(24)により設定されることになる。そのため、両者は論理必然的に一致する訳ではなく、ズレが生じる可能性があると考えられる。それでは、請求事項の逸脱（*ultra petita*）と脱漏（*infra petita*）に大別して、両者（管轄権および請求事項）の関係を分析してみよう。

まず、逸脱の場合、管轄権と請求事項は、理論上、①請求事項が潜在的管轄権よりも広い場合と②潜在的管轄権が請求事項よりも広い場合の２つの関係を採りうる。

前者①の場合、判決事項は、潜在的管轄権の範囲内にある請求事項に限定される。潜在的管轄権外の事項に対する判断は、例えそれが一方当事者によって申し立てられている請求事項であろうとも、事項管轄権範囲を逸脱する権限踰越と構成されると考えられる[25]。つまり、この場合、請求事項（具体的な同意）は、「合意」を形成しない限り、潜在的管轄権（形式的な同意）の範囲によって規律され、管轄権の基礎をなす文書の解釈を離れて *non ultra petita* 規則が機能する余地はない。

後者②の場合、判決事項は、請求事項の範囲内に限定される。潜在的管轄権（形式的同意）の範囲からは逸脱しないが、請求事項（具体的同意）を越える判断が、*non ultra petita* 規則違反と構成されることになるのである。これは、管轄権の同意原則にいう「同意」を請求事項による具体的同意にまで拡張していると見ることもできよう。つまり、「同意」の存在形式を介して *non ultra petita* 規則を管轄権規則とみなしうるのである。判決事項に対するこの制限は、*non ultra petita* 規則独自の機能領域であるといえ[26]、管轄権の基礎をなす文書の解釈ではなく、請求事項の同定のみが、同規則の適用を条件付けているのである。このことは、選択条項が管轄権の基礎をなす場合を想起すれば明らかであろう。

しかし、実際の適用（とりわけ選択条項以外の管轄権の基礎が援用される場合）に際して、上記理論上の区別を単純に当てはめることは必ずしも容易ではない。なぜならば、潜在的管轄権の広狭は常に明らかというわけでなく、そうした管轄権設定自体も裁判所の判断に服しているからである（管轄権決定権）。つまり、請求事項と管轄権の関係は、請求事項の同定のみならず、潜在的管轄権の範囲を如何に決定するのかにも依存しているのである。ここに管轄権の観点（①の場合）と請求事項の観点（②の場合）が混在する可能性が生じるといえる。このことは、判例上も、漁業管轄権事件（英国対アイスランド）において、優先的漁業権の問題に関する個別意見の問題構成に現れている。グロ判事は、同問題を管轄権の基礎をなす文書（交換公文）の解釈という管轄権の観点から構成したのに対し[27]、オニアマ判事は、請求事項の観点から問題を論じ、判決は争点ではない問題、つまりは請求事項ではない問題を判断したと批判しているのである[28]。確かに、潜在的管轄権の範囲を狭く解すれば、管轄権の基礎をなす文書の解釈のみで議論を収束させることも可能である（①の場合に該当）。しかし、潜在的管轄権の範囲を広く解すれば、請求事項の同定に問題は帰着する（②の場合に該当）。つまり、潜在的管轄権の範囲決定を前提として、当該管轄権の行使可能な範囲が請求事項によって定められるといえるのである。ロゼンヌが指摘するように、*non ultra petita* 規則は、管轄権の側面として「量的な効果（a quantitative effect）」のみを持ち、裁判所が判決において取り扱いうる範囲を画する規則なのである(29)。したがって、*non ultra petita* 規則の適用は、潜在的管轄権の範囲内であることを前提とする請求事項によって条件付けられているといえる。

次に、請求事項の脱漏の場合であるが、これは管轄権内の請求事項を脱漏した場合のみを想定すれば足りる。なぜならば、管轄権外の請求事項については「管轄権なし」と判断すれば十分であり、脱漏の問題は生じ得ない。また、ここで対象とされる請求事項に関して、管轄権の不行使と *non ultra petita* 規則（この場合、正確には *non **infra** petita* 規則）は常に一致するため、ここでは先ず、管轄権不行使による権限踰越、つまりは脱漏による *non ultra petita* 規則違反が存在しうるのかということが問われねばならない。この理論上の可能性について、1989年7月31日の仲裁裁判判決事件において裁判所は以下のように述べて、これを認めた。

> 「本裁判所は、ただ仲裁裁判所がその争われている判決を与えるにあたって、その権限の踰越ないし不行使によって（en ne l'exerçant pas, by failing to exercise its jurisdiction）、仲裁協定によって与えられた権限に明白に違反したかどうかを検討しなければならない（下線引用者）」(30)。

確かに、これは仲裁裁判所判決の文脈で述べられたものであるが、同じ原則が国際司法裁判所にも適用されると考える(31)。ただし、ここで、**請求事項ではない争点に**対する管轄権不行使は問題にならない点には注意を要しよう。国連行政裁判所158判決の再審事件（ファルサ事件）において指摘されているように、「いかなる裁判所も、提起された事件を裁判するために要求されてはいない、そしていずれの当事者も裁判所に訊ねていない、事実の審査あるいは認定をなさなかったことを理由として、付与された管轄権の不行使をとがめられることはない。」(32)のである。つまり、裁判所の任務は管轄権内の**請求事項を全て**扱うことであり(33)、問題は管轄権の設定されている請求事項は何かということに帰着するのである。

以上より、国際司法裁判所において *non ultra petita* 規則は確立しており、その内容は、請求事項からの逸脱禁止および請求事項の脱漏禁止であるといえる。そして、同規則の適用に際しては、事項管轄権範囲の決定を背景にしつつ、請求事項を如何に理解するのかが決定的な重要性を持つといえる。つまり、同規則が実際に機能するかどうかは、請求事項の同定に依存するのである。

2　国際司法裁判所の請求解釈権

それでは、請求事項は如何にして同定されるのであろうか。上述したように、請求事項の同定は、付託合意に基づく合意提訴の場合を除き、原則、申立てによる。ただし、先決的抗弁等の付随手続において、つまり本案の申述書提出前において請求事項の同定が問題となる場合、その同定は請求訴状中の「請求」に依拠するため、正確には、「請求」を含む広義の「申立て」による、といえる。いずれにせよ、当事者（とりわけ原告）の「申立て」により請求事項が同定されているならば、裁判所による判決事項の範囲は質量共にその請求事項内に限定されるため（*non ultra petita* 規則）、一見したところ、そこに裁判所の判断が介在する余地はないように思える。

しかし、裁判所は、「申立て」しいては請求を「解釈」することができるとされる。したがって、この「解釈」という作業の意味内容によっては、そこに請求事項を職権的に統制する余地が生じるように思われる(34)。「申立て」ないし請求を解釈する裁判所の権限は、明文で規定されているわけではなく、判例上、確認されてきた。常設国際司法裁判所期には、ポーランド領上部シレジアのドイツ人の利益事件（本案）において、「裁判所は、**当事者の申立てを解釈**（interpréter, construe）**することができる**けれども、自ら当事者にかわり、そして単に提出された弁論と事実に基づくだけで、新たな申立てを述べることはできない」(35)と述べられ、国際司法裁判所期にも、核実験事件において、「本件における真の争点を切り離し、そして請求目的を確認するのは、裁判所の任務である。裁判所が**当事者の申立てを解釈**（interpret, interpréter）**する権限を有する**ことに異論が唱えられたためしはない。また実際上、裁判所は、解釈しなければならないのである。これは、その司法任務の属性の１つである」[36]と判示されてきたのである。さらに、学説上も、「申立て」の解釈は、「不可避のプロセス」[37]であり、「事件における真の争点を分離し、請求目的を同定するために申立てを解釈する権限」は、「固有の権限（inherent power）」であるとも指摘されている[38]。

以上から、請求解釈権という権限の存在自体は確立しているといえる。しかし、ここでの問題は、請求解釈権が如何なる内容を持つ権限として確立しているのかにある。以下では、請求事項の同定という観点から、請求解釈権の具体的内容を明らかにしたい。この分析により、裁判所が、理論上、同権限の行使を通じて、如何にして請求事項に影響を与えうるのかを考察する。

⑴　請求事項と攻撃方法の区別

第１章において述べたように、英米法における申立て（submissions）概念は、フランス法上の申立て（conclusions）概念よりも広く、それは請求事項のみならず、法や事実の陳述といった判決の理由をなす攻撃方法をも含んでいる。同概念の影響を受けることにより、実行においては、請求事項と攻撃方法とが「submissions」という用語のもとで、混同されて主張される傾向にある[39]。そのため、裁判所は申立て自体を解釈することにより、請求事項（*petitum*）と攻撃方法（argument, moyen）を区別することができると考えられているのである[40]。この区別は、前者が判決における「主文」をなすのに対し、後者は「理由」に反映させうるにすぎないという帰結を伴うのであり[41]、申立て自体の解釈によって請求事項が同定されるという意味で、狭義の請求解釈権（申立解釈権）と位置づけられよう。

判例上、申立て中の請求事項と攻撃方法とを区別することは、ノルウェー漁業事件において導入された手法である。本件において、原告英国の最終申立ては14項目にも及んだが、裁判所は以下のように述べて、請求事項を整理したのであった。

「第12点および第13点は、第３点から第11点で述べられているような、連合王国政府（原告）が国際法について抱いている概念に従い、真の申立として提出されている。第３点から第11点までは、定義、原則ないし規則の形式で、一定の主張を正当化しようとするものであるが、請求の明確かつ直接的な陳述ではない一連の命題として提出されている。……これらは、本件において、判決の理由（les motifs de l'arrêt）を提供しうる要素であるが、判決の目的（l'objet de l'arrêt）を構成するものではない。そのことから、これら要素は、このように理解されても、唯一の係争問題、つまり1935年の命令により定められた限界画定線が国際法上有効であるかどうかの問題を解決するために、関連すると思われる限りにおいてのみ考慮されうる（下線引用者）」(42)。

なお、この区別（請求事項と攻撃方法の区別）は、付託合意に基づく合意提訴の場合における申立てに対してもなされうる。マンキエ・エクレオ事件において、英国およびフランスの最終申立ては、前者が３項目、後者は10項目から構成されていたが(43)、裁判所は、英国の２項目とフランスの９項目は、「最終申立て」と見なされる各１項目を根拠付けるための「理由（reasons, les motifs）」であるとして、請求事項とは見なさなかったのであった(44)。

また、ノッテボーム事件において、原告リヒテンシュタインの最終申立ては第１に「ノッテボームの帰化は、国際法に反するものではなかったこと」を、そして、第２に「外交的保護請求は、裁判所において受理すべきものであること」をそれぞれ判決し、宣言するように求めていた。これに対し、裁判所は、被告グァテマラの最終申立てが「原告リヒテンシュタインの請求は受理しえないことを宣言する」ように求めており、帰化によりノッテボームに付与された国籍に関係する数々の「理由（plausieurs motifs）」を述べていることを指摘しつつ(45)、以下のように述べた。

「裁判所に付託された真の問題（la vraie question）は、ノッテボームのためのリヒテンシュタインの（外交的保護）請求は受理すべきものかという問題である。リヒテンシュタインの第一の申立ては、リヒテンシュタインに有利な裁判所の判決を支持するための理由（une raison）を述べているのに対して、グァテマラが援用した国籍に関する様々な理由（les divers motifs）は、リヒテンシュタインの請求を不受理を支持するための理由（(les) raisons）として提示されている。裁判所の当面の任務は、単に裁判所によって関連があり、かつ適切と判断されるような理由に基づいて、ノッテボームのためのリヒテンシュタインの請求を受理すべきものかにつき決定を下すことである（下線引用者）」(46)。

つまり、ここで裁判所は、被告の立論に対応させる形で、原告の第１申立てを「請求事項」ではなく、第２申立ての「理由」をなすものと解したのである。しかも、当該「理由」は、「裁判所により関連がありかつ適切と判断される」限りにおいてのみ、考慮されるに過ぎない。

さらに、未成年者の後見に関する1902年条約の適用に関する事件では、請求事項と攻撃方法が区別され、後者に対する検討は裁判所の義務ではないことが明らかにされたのであった。本件におけるオランダの最終申立ては、スウェーデンによる上記1902年条約の違反を宣言するよう求める前に、保護養育の効果および公序（*ordre public*）に関するある種の命題を「宣言」するように求めており(47)、オランダの見解によれば、これら命題は、裁判所をしてスウェーデンによる義務違反を判決するよう導く本質的事由をなすものであった(48)。加えて、スウェーデンの最終申立てもこの点に関して言及していた(49)。これに対し、裁判所は、以下のように述べて、1902年条約の解釈適用にその考察対象を限定する立場を採ったのである。

「裁判所は、紛争主題につき判決しなければならない。（ノルウェー）漁業事件において指摘されたように、裁判所はこの種の陳述につき、意見を述べるよう求められるものではない。裁判所は、判決の基礎とする理由を選択する自由を有し、判決の基礎として他の考慮で十分であるならば、当事者によって主張された考慮の全てを検討すべき義務はない（下線引用者）」(50)。

上記諸判例においてみられる請求事項と攻撃方法の区別、さらに後者の排除は、核実験事件において、裁判所の一般的な権限として言及されるに至る。曰く、

「裁判所は、必要な場合には、ある種の主張や議論（certain contentions or arguments）で、当事者により申立ての一部として提出されたが、裁判所により当事者が裁判所に審判を求めている事項を指示するものではなく、なぜ裁判所がその当事者の主張する意味で審判すべきかの理由の陳述とみなされたものを排除する権限をたびたび行使してきた」[(51)]。

以上より、申立てとして提示された主張が必ずしも請求事項を構成するとは限らず、裁判所の「解釈」により攻撃方法とされる可能性があることがわかる。さらに、裁判所は当事者の提示する全攻撃方法を検討する義務はなく、請求事項ひいては紛争主題との関連性の程度に従って、当該申立てを裁判所の判断対象から排除することもできるのである。

⑵　請求事項と紛争の同一化

そもそも「申立て」の解釈は請求事項を同定するためになされるのであり、請求事項が「申立て」以外の資料を考慮することにより同定されうるならば、「申立て」の解釈はそれにより枠付けられると考えられる。ここに、裁判所の解釈権がその対象を「申立て」の文言以上に拡大する余地があるといえる（広義の請求解釈権）。判例上、このことは、核実験事件において以下のように示された。

「裁判所は、請求の真の趣旨および目的を確かめなければならず、そうするにあたって、用いられた言葉の通常の意味に固執することはできない。全体としての請求訴状、裁判所における原告の議論、裁判所の注意が引かれた外交上のやりとり、また原告政府の名においてなされた公の宣言を考慮しなければならない。これらのものが明らかに請求目的を限界づけるならば、申立ての解釈は、必然的に影響されることにならねばならない（下

線引用者）」[52]。

ここで、「請求事項を確認する際に依拠する資料」と「紛争の存在を確認する際に依拠する資料」とに共通性のみられる点が重要であろう[53]。つまり、本件における裁判所の立論は、「当事国間の紛争（紛争事実関係）と請求主題（請求事項）を同一視している」[54]とみることもできるのである。理論上、紛争の一部、あるいは、紛争より広範な請求を提起する可能性が認められるため、紛争と請求が一致する必然性はない[55]。にもかかわらず、裁判所は「申立て」文言以外の資料にまで解釈手段を拡大することにより、請求事項を紛争と一致するように同定していると解せるのである。

理論上、こうした「請求事項」と「紛争」の同一化は、前者を「解釈」によって確認するという作業に強い影響を与えうるように思われる。なぜならば、後者について裁判所は「決定」権を持っているからである。請求事項は紛争主題を基礎として構成されるため、紛争の「（客観的）決定」は、請求事項の範囲を規定することに繋がる。つまり、裁判所は、「申立て」を「解釈」することによってではなく、自らが「紛争」と「決定」する事実関係に照らして、請求事項を同定することになるのである。紛争の客観的決定権は、判例上、「紛争が存在するか否かは、裁判所による客観的決定に服す問題である。」[56]という定式により確立している。さらに、同決定権の対象範囲が、紛争の「存在」のみならず、その「性質決定（characterization, qualification）」をも包含することにより、請求「解釈」作業に対する紛争「決定」作業の影響は、より強固なものにならざるをえない。この点は、漁業管轄権事件（スペイン対カナダ）においての１争点であり、そこでは「紛争主題」の理解を巡って、法（解釈）と事実（決定）の交錯が現れていたといえる。

本件において、原告スペインは、公海における外国船に対する管轄権行使を認めるカナダ立法はスペインに対抗できない旨の「請求」を定立し、紛争を「公海における管轄権行使に関する紛争」と性質決定した。これに対し、被告カナダは、紛争を「北西大西洋漁業機構（NAFO）の規制水域における漁業資源の保存および管理措置の採用に関する紛争」であると性質決定すると共に、同紛争は権限に関する紛争と不可分であると主張したのであった。

こうした相違は、まず第1に、管轄権の基礎として援用された選択条項受諾宣言につき、カナダが「NAFOの規制水域における漁船に対して採られる保存および管理措置から生じる紛争」を除外する留保を付していたこと、そして第2に、NAFOの規制に服す公海におけるカナダの一方的行為から生ずる紛争に関しては、既に欧州共同体とカナダとの間に協定が存在していたことに起因する(57)。つまり、スペインにとって、紛争をNAFOの規制水域における漁業資源の保存および管理措置に**関連づけない**ように構成することが管轄権設定のためには不可欠とされていたのである。

本章の関心からすれば、ここでの問題は、請求訴状において原告により定式化された紛争主題ないしは「請求」の拘束性、換言すれば、裁判所がそれらからどの程度離れることができるのかにある。同問題に対して、裁判所は紛争主題および「請求」の拘束性を否定し、紛争決定権を核とした立論を採ることで原告の意に反するような認定をもなしうることを認めたように思われる。まず、紛争主題ないし「請求」の提示は原告による請求訴状においてなされるとしつつも、**真の紛争主題ないしは正確な請求の性格に不明確性や不一致がある場合には**、「裁判所は請求訴状の文言のみにその考察を限定できず、より一般的には原告の請求に拘束されるとみなし得ない」(58)という。そして、裁判所は自らの紛争決定権に問題を帰着させたのである。曰く、

> 「原告によって選択された紛争の定式化に特別な注意を払いながらも、両当事者の立場を検討することにより、<u>客観的基礎に立って、当事者間の紛争を決定するのは、裁判所自身であ</u>」り(59)、「裁判所自身が、付託された<u>真の紛争</u>を決定する」(60)(下線引用者)。

裁判所は、この決定権により、「スペインの請求訴状のみならず、**両当事者によって裁判所においてなされた書面および口頭手続を考慮しつつ**、スペインとカナダの紛争を確かめる」(61)ことを正当化し、提訴に至った原因事実の検討を基礎として(62)、紛争の核心を「(スペイン船籍漁船エスタイ号に対し、自国立法に基づいて公海上でカナダの行った) これら諸行為が、国際法上のスペインの権利を侵害したかどうか、そしてそれが損害賠償を要するかどう

か」[63]にあると決定したのであった。結局、裁判所は、紛争事実全体を考慮することにより、権限に関する紛争と漁業に関する紛争とは不可分であると認定したものと解せる。とりわけ、カナダの留保の観点から紛争を性質決定している35項は、判決の帰趨を既に決しているといえよう[64]。

他方、反対意見（ウィーラマントリー判事を除く）は、原告の定立した紛争主題が拘束性を持つことを前提として、判決が原告スペインによる紛争主題の定式化を尊重していない点を批判する[65]。同意見によれば、裁判所は原告によって提示された紛争主題を“再定義”ないし“変更”しており、それは“解釈”を越えている。つまり、原告による紛争主題の定式化に対し[66]、裁判所は解釈権しか持たないのであり、そこに紛争決定権が介在することは認められない、と考えているのである。

本件において、多数意見が紛争主題の「決定」を、他方、反対意見がその「解釈」を強調する立論を採った点は、請求訴状において事実的要素と法的要素とを明確に区別することの困難性を示しているようにも思われる。ただし、本件は留保の該当性に関する**管轄権の問題**であったため、請求ではなく、管轄権の対象たる「紛争主題」の観点から問題を議論せざるを得なかった点に反対意見の限界があるといえる。反対意見は、管轄権決定権と紛争主題の定式化との関係につき、「管轄権決定権によって、**紛争主題の**解釈を超える再定義は認められない」[67]と主張するが、裁判所（多数意見）の立論は、紛争の性質決定を**管轄権の先決的問題**と位置づけることにより[68]、理論上、管轄権の観点から正当化されうると考えられる。この点、ヴェイユが指摘するように、管轄権が紛争主題に依存しているため[69]、紛争決定権は管轄権決定権の論理必然的帰結であるとみなせよう。もし裁判所が原告による紛争主題の定式化に拘束されるならば、管轄権決定権はその意義を失う[70]。したがって、管轄権決定権は紛争の性質を決定する権限を含むと解されるのである[71]。そして、紛争の法的性質決定は、「**事件資料**の詳細な検討」によるのであり[72]、本件においても紛争の不可分性を根拠付けているのは（客観的）事実そのものであると考えられる[73]。

しかし、ここで紛争決定（事実認定）が、請求（法的主張）に決定的影響を与えていることには注目すべきであろう。この点に関し、ランジェバ判事は、「裁判所は紛争をその全体として認定した。しかし、手続の最終的な結果は、スペインの**請求**の確定的な却下であった(74)」と指摘している。確かに、本件において、裁判所による紛争決定が、「漁業管理および保存を超える」ものとして構成されていた「権限」に関するスペインの**請求**を排除する効果を有していたことは明らかであろう(75)。裁判所が現実の紛争事実関係を考慮して、紛争主題を「留保に該当する紛争」と性質決定することにより、留保に該当する**紛争を超える請求**が結果的に却下されているのである。つまり、請求は紛争に依存しているため、紛争の決定に伴って請求は変動しうる。とりわけ、裁判所が「紛争」と認定する事実関係の範囲内に請求事項を限定している点は、まさに核実験事件において生じた問題と軌を一にしているといえる。ただし、核実験事件では、管轄権決定を回避し(76)、超先決的問題として事件を扱っていたため、管轄権決定権ではなく、請求解釈権が前面に現出していたにすぎないと考えられよう。

以上より、裁判所は、「解釈」すべき請求事項（法的主張）の基礎をなしている紛争主題（事実）を「決定」することにより、請求事項を統制しうると考えられる。ブラウンリーが指摘するように、請求事項の同定は、先ず第１に「申立て」の解釈によるが、「手続全般」を利用することもできるのであり、そこに争点の司法的作り直し（a judicial remoulding of the issues）の可能性が秘められているのである(77)。本書では、このことも広義の請求解釈権の１内容を構成しているものとして扱うことにしたい。

Non ultra petita 規則により、理論上、請求事項が判決事項を拘束する。ただし、同規則の適用には請求事項の同定が不可欠であり、そこに裁判所の請求解釈権が介在するため、実際は請求事項が判決事項に一致するように「解釈」されることになる。そして、請求解釈権は、狭義には（請求訴状中の「請求」も含む）「申立て」自体の解釈により攻撃方法を分離することで請求事項を同定する権限であり、広義には「申立て」以外の要素を考慮して請求事項を同定することをも含む権限であると解される。とりわけ、後者の権限内容は、（客観的）紛争決定権と必ずしも分離されておらず、紛争主題決定の一帰結として、裁判所は、自らの把握した「真の紛争」に照らして、職権

的に請求事項の同定をなしうると考えられる。

第２節　請求解釈権の行使態様
――請求の紛争に対する依存関係の観点から――

上記第１節の検討から、理論上、請求解釈権の行使により、裁判所が職権的に請求を統制することが可能であるとわかった。本節では、請求と紛争の関係という観点から、（広義の）請求解釈権の具体的な行使態様を整理し、裁判所による請求の職権的統制が持つ意味を探ってみたい。そのため、以下では、請求事項の解釈が、現実の紛争事実関係の影響を受けたと評価しうる事例を検討していく。ここでは、紛争事実関係を考慮して、裁判所が職権的に請求事項を減縮した場合（１）と拡張した場合（２）とに大別して考察を進めることにする。

１　請求事項の減縮

インターハンデル事件（スイス対米国）(78)

本件は、米国によるスイス会社「インターハンデル社」の資産接収を巡ってスイス政府が提起した、いわゆる「外交的保護」に関する事件である。スイス政府は、1957年10月２日に選択条項に基づき、①インターハンデル社の在米資産の返還、および代替的に②仲裁または調停付託義務の宣言を要求して、国際司法裁判所に提訴し、これに対し米国は先決的抗弁を提起したのであった。本章では、裁判所が本件訴訟の却下事由として認容した米国の第３抗弁（国内的救済完了原則）を、請求事項の減縮の観点から検討してみたい。

ここで問題となる国内的救済完了原則とは、「国家が、外国において自国民の受けた損害について、加害国に対し国際請求を提出するためには、先ず、相手国において認められている損害救済のための手続がすべて尽くされていなければならない」ということを意味する「慣習国際法の十分に確立された規則である」(79)。基本的に、本原則は、国家への直接侵害の場合には適用されない(80)。しかし、本件において、自国民の権利侵害に起因して、国家の権利に対し直接に侵害があっても、請求の目的が自国民の権利保護である場合には、国内的救済完了原則が適用されることが明らかにされたといえる。この点、裁判所は、一般論として、「２つの訴訟（すなわち、米国裁判所におけるスイス会社の訴訟と本裁判所におけるスイス政府の訴訟）が、その主要な申立てにおいて、同一の結果―つまり、米国で強制管理に付された財産の返還を目指している（visent à obtenir le même résultat: la restitution des avoirs de l'Interhandel séquestrés aux États-Unis）場合」、国内的救済完了原則は適用される、という(81)。具体的に、原告スイスは、自らの主要な申立ての性格を、「スイス再審庁の下したワシントン協定に基づく決定の実施」であるとし、米国による同決定の不実施は、原告国スイスの権利を直接侵害する国際法の直接的違反を構成するため、国内的救済完了原則は適用されないと主張していた(82)。しかし、裁判所はスイスの主張を認めず、以下のように述べて、同原則の適用を認容したのであった。

「（スイスの議論は、）付託された紛争から、スイス政府が米国政府により強制管理に付されたインターハンデルの財産の返還を確保するために自国民である同会社の訴因（la cause）を取り上げた紛争という性格を奪うものではない（下線引用者）」(83)。

学説上(84)、裁判所による請求目的の確認基準につき、①救済基準（"remedies" test）と②請求の淵源基準（"but for" test）(85)とが指摘されているが、いずれにせよ、請求の目的を裁判所が認定することに変わりはなく、これは「評価の問題（a question of appreciation）」(86)であるとされる。

以上のことは国内的救済完了原則自体の「厳格な解釈」と理解しうるが(87)、本件において請求事項の減縮がみてとれるのは、仲裁ないし調停への付託義務の確認請求（「代替的請求」）(88)に対しても国内的救済完了原則が適用された点である。裁判所は、以下のような立論により、これを正当化したのであった。

「裁判所は、同一の利益（un seul et même intérêt）、すなわち米国内裁判所で訴訟を起こさせ、そして再開させたインターハンデルの利益が、スイス政府に国際訴訟を開始するように導いたのだと考える。この利益が、本件請求の基礎（la base de la présente reclamation）であり、そして、その利益が主要な形式だけではなく、代替的な形式においても、スイス政府が本裁判所に提起した訴訟の範囲を決定すべきものである（下線引用者）」[89]。

しかし、上記判示に対しては、個別意見において批判がなされており、その眼目は、「財産返還請求と付託義務確認請求とは、法的基礎も主体も異なる別個の請求」であるということにある[90]。学説上も、「スイス政府の利益がインターハンデルの利益であり、国家に対する直接損害が全く含まれていなかった、と事実としていえるかは疑わし」く、「スイス政府が、条約上の権利の侵害につき、米国裁判所で利用できる救済手段はない」と指摘されている[91]。つまり、仲裁付託義務の確認請求を法的に別個の請求と考えることは可能であったにもかかわらず、裁判所は「利益の同一性」を根拠に同請求にも妨訴抗弁（国内的救済完了原則）を適用することで排除する方策を採ったと考えられるのである。ここで裁判所は、現実の紛争事実関係を「個人対国家」の紛争とみて、その範囲に請求事項を限定したように思われる。

漁業管轄権事件（英国対アイスランド）[92]

本件における英国の申立ては、第１に「アイスランド沿岸を取り巻く基線から50海里におよぶ排他的漁業管轄水域を設ける権利があるというアイスランドの主張は、国際法に根拠がなく、無効である」旨の宣言であり[93]、これはアイスランドの行為が「法上当然に違法（*ipso jure* illegal）であり、それゆえ、絶対的に無効（invalid *erga omnes*）である」という主張を意味すると考えられる[94]。しかし、裁判所は、同申立てに対して、漁業管轄権を拡張するアイスランドの規則は「英国に対抗できない（not opposable）」と判示したのであった[95]。ここで裁判所は、英国の申立てに直接答えていないといえるのであり、この対応（合法性の判断回避）を如何に理解するかが問題となる。

確かに、裁判所の回答は、全く根拠がないものともいえないであろう。なぜならば、「１つの一方的行為に対しては、合法性（legality）と対抗力（opposability）という２つの側面からの評価が可能」[96]だからである。つまり、裁判所は、「対抗力」の側面から問題を評価することにより、２国間関係に問題を個別化した回答を与えたと評せる。

さらに、こうした個別的対応を実質的に正当化するため、裁判所は、管轄権の観点から優先的漁業権を考慮した交渉義務の確認を付託条項の範囲内に含めたとも考えられる。この点に関する裁判所の立論は以下のようなものであった。

> 「漁業管轄権の拡張が国際法に適合しているかどうかという問題に肯定的または否定的な答えを与えることに限られているという結論を下すのは、（1961年の交換公文における）付託条項のあまりに狭い解釈であろう。……当事者間の交渉に照らして、また裁判所における手続に照らして、当事者間の紛争が、漁業資源に対するそれぞれの権利の限度・範囲およびその資源を保存する措置の十分性に関する不一致を包含していることは明らかであると思われる。したがって、それらの不一致は、『アイスランド周辺の漁業管轄権の拡張に関する紛争』の一要素であると結論しなければならない（下線引用者）」[97]。

ここで、理論上は、付託条項により付与された管轄権の問題は、現実の紛争が何かということではなく、当事者が裁判所への付託を合意した紛争は何かということであり、後の交渉は無関係であるといわねばならない[98]。にもかかわらず、裁判所は、「優先的漁業権」概念の判断を包含するように管轄権範囲を拡大することで、アイスランドによる排他的漁業管轄水域の設定が同概念を超えること[99]をもって対抗不可能性を根拠付けることを可能にしたと評せるであろう。

しかし、なぜ合法性の評価を回避できたのかは、依然、問題として残る。現行法の動揺または不透明という過渡期現象を考慮したという政策的理由があったことは明らかであろうが[100]、それが請求事項の判断回避を法的に正当化するわけではない。この点につき、「合法性の評価は請求事項ではなかった」と説明することは不可能ではないといえる。サールウェイが指摘するように、当事国（英国）は、漁業水域の許容される範囲に関する国際法につき抽象的な議論をしたのではなく、原告国漁船がアイスランドの新漁業水域から排除されうるのかどうかについてを議論していたのであり、「実際的」な問題は、一般国際法への言及なしで回答し得たという点に注目する必要があろう[101]。事実、イギリスは口頭弁論において、合法性の問題と対抗力の問題を分離し、後者にのみ判決を下すことを許容していた[102]。したがって、一般国際法の問題は、確かに英国の申立てに掲げられていたが、現実の紛争事実に関係しているという意味での「真の請求事項」ではなかったと評することは可能であると考える。

核実験事件（ニュージーランド対フランス；オーストラリア対フランス）[103]

本件において、裁判所は現実の紛争事実関係を「**大気圏内**核実験の**差止め**に関する紛争」と構成することにより請求事項をその範囲内に限定したと考えられる[104]。オーストラリアとニュージーランドにより別個に提起された２事件は、確かにパラレルに処理されたが、前者の側面（「大気圏内」）はニュージーランドの事件において、後者の側面（「差止め」）はオーストラリアの事件において、それぞれ問題がより明らかであるように思われるので、便宜上、それぞれを分けて検討していく。

先ず、核実験事件（ニュージーランド対フランス）におけるニュージーランドの請求訴状中の「請求」は以下のように定式化されていた。

> 「放射性降下物を生じさせる、南太平洋区域におけるフランス政府の核実験行為は、国際法上のニュージーランドの権利侵害を構成する旨、および、さらなる実験によりこれら権利が侵害されるであろう旨、判決し宣言すること（下線引用者）」[105]。

上記定式化によれば、文言上は対象となる実験形態につき限定のないことがわかるであろう。しかし、裁判所は以下のように述べて実験形態を特定したのであった。

「訴訟手続が関係する実験の形態は特定されておらず、それは請求訴状において『放射性降下物を生じさせる南太平洋区域における核実験』と記述されている。しかし、本事件は、主に大気圏核実験に関連して議論されてきた。……それゆえ、裁判所は、ニュージーランドの請求は、他の形態ではなく、大気圏内実験のみに向けられており、かつ、同国領域に放射性降下物を生じさせるように行われた大気圏内実験のみに向けられているものと解釈しなければならない（下線引用者）」(106)。

ここで裁判所は、「申立て」以外の資料に依拠しつつ把握した現実の紛争事実関係に照らして、原告の請求がその対象とする実験形態を「大気圏」核実験に限定したと評せよう。つまり、1974年当時、フランスの地下核実験は存在しなかったため、地下核実験に関する紛争も存在しえなかったといわざるをえないのであり、原告の請求は現実の紛争（「大気圏内」核実験）に関連しうる請求事項に減縮されているのである。

このことは、1974年12月20日核実験事件判決63項に基づく事情の再検討要請事件において再確認されることになる。本件は、フランスの地下核実験再開宣言（1995年６月13日）を受け、1974年「判決の基礎（le fondement de l'arrêt）」が損なわれたとしてニュージーランドが事情の再検討を裁判所に申し立てたものである(107)。本件において裁判所は、「判決の基礎」を「大気圏内」核実験に限定する立場を採ったのであった(108)。そのため、「大気圏内核実験が再開されなければ判決の基礎が影響されたとはいえない」のであり(109)、「ニュージーランドの1995年の請求は、74年判決63項の範囲外にある」として同要請は却下されたのである(110)。とりわけ、シャハブディーン判事の個別意見は、「1973年の紛争は、他の形態ではなく、大気圏核実験のみに向けられたものである」ことを前提として、以下のように述べている。

「もし1974年の段階で地下核実験の合法性が訊ねられていたと仮定して、裁判所がそれに対し判決を下そうとしていたならば、1974年に裁判所は請求事項を越えて（*ultra petita*）行動したことになるであろう。」(111)

つまり、地下核実験の合法性は、1974年当時の紛争事実関係とみなし得ないため、1974年判決における請求事項ではなかったと評価されているのである。

他方、核実験事件（オーストラリア対フランス）におけるオーストラリアの請求訴状中の「請求」は以下のように定式化されていた。

「これ以上南太平洋地域で大気圏内核実験を行うことは、適用される国際法の規則と両立しない旨判決し宣言すること、そして、フランス政府がこれ以上そのような実験を行わないように命令すること（下線引用者）」[112]。

これは違法確認宣言判決と差止命令が対になった2重の申立て（dual submission）であり[113]、とりわけ前者については申述書中でも「オーストラリア政府は賠償判決ではなく、宣言的判決を求めている」ことが明らかにされていた[114]。しかし、裁判所は以下のように述べて、宣言的判決を下すことを認めなかったのである。

「本件において、事件の主因が南太平洋区域でフランスが行った大気圏核実験であったこと、そして原告の最初にして最終の目的がそれら実験を終わらせることにあり、それが今なお変わっていないことは明らかである。したがって、その請求を、宣言的判決を求めるものとみなすことはできない。オーストラリアが得ようとしている判決は、その見解では、法律問題に関する裁判所の認定に基礎を置くものであったであろうが、そのような認定は、目的に対する手段であるに過ぎず、それ自体として目的であるわけではないであろう（下線引用者）」[115]。

本件において裁判所は、判決事項を大気圏実験の「差止」請求に限定し、違法性確認請求（＝宣言的判決）を削除したといえる。換言すれば、これは当事国（原告）の意図した請求を職権的に排除していると考えられるのである。この点こそ、共同反対意見により、請求“解釈”を超えているとして痛烈に批判された部分である[116]。同意見によると、請求目的の確認は“申立て”を前提としなければならないにもかかわらず[117]、裁判所（多数意見）の認定は、正当な理由なく[118]、原告の真の請求（違法性確認請求）を無視しているとされる。ここで両者（多数意見と共同反対意見）の間には、裁判所の請求解釈権の存否に関してではなく、その権限範囲、ひいては請求目的に関する認識に差異があるといえよう。

2　請求事項の拡張

カタールとバーレーンの海洋境界画定及び領土問題事件（カタール対バーレーン）[119]

隣国間の領域紛争に関する本件は、「紛争」を裁判所に付託すべきこと自体には両国間に合意がある一方で、付託方法および付託事項について不一致があったことによって特徴付けられる。同紛争に関しては両国間で長年交渉が続けられてきた経緯があり、その処理について以下のような合意文書が存在していた。そうした文書の１つとして、1987年書簡[120]が先ず挙げられる。同書簡の内容は、①すべての係争事項を国際司法裁判所に付託しなければならないこと、および②裁判所に紛争を付託するために必要な条件を満たすため、三カ国委員会を設立することであった。そして、同委員会における合意形成が頓挫した際にサウジアラビアが提示した原案はバーレーン定式[121]（1988年10月26日）と呼ばれており、以下のような内容のものであった。

> 「当事者は、裁判所が、両国間で紛争事項となりうる領域権、または他の権原若しくは利益に関わるいかなる問題も決定し、かつ、海底、その地下及び上部水域のそれぞれの海域の間に単一の海洋境界線を引くことを要請する。」

さらに、同紛争の処理は湾岸アラブ諸国協力会議の年次総会の場でも討議され、両国外務大臣は、①当事者間で先に合意された事項を再確認し、②1991年５月までサウジアラビアの周旋を継続し、その期間が経過するや、カタールが受諾したバーレーン定式に従い、かつその結果生ずる手続きに従って、“当事者（*al-tarafan*: the parties（カタール英訳), the two parties（バーレーン英訳))”は問題を国際司法裁判所に提訴しうることを記録する議事録(1990年議事録)[(122)]に署名していたのであった。

しかし、上記サウジアラビアの周旋は失敗し、1991年7月8日、カタールが、上記1987年書簡および1990年議事録を管轄権の基礎としつつ、ハワール諸島に対するカタールの主権およびディバール、キタ・ジャラーダ礁に対する主権的権利を認め、並びにカタールとバーレーンとの間に単一の海洋境界線を引くことを求めて、国際司法裁判所に一方的に提訴したことにより本件訴訟は開始されたのである。

本件における管轄権および受理可能性に関する判決は、1994年7月と1995年2月に言い渡されており（以下、94年判決および95年判決と略)、本章の関心からは後者の判決がより重要である。しかし、問題の解明には前者判決の検討も不可欠であるため、以下では各判決の内容および経緯を必要な限度で順次概観しておくことにしよう。

94年判決は、まず、87年書簡および90年議事録は「当事者の権利義務を創設する国際合意である」と認定した後[(123)]、各文書の内容およびそれらが生じさせる権利義務の分析へと考察を進める。そして、裁判所は、87年書簡を「当事者はすべての係争事項を裁判所に付託すること、また、裁判所に提訴する方法を決定することを約束した」[(124)]ものと、90年議事録を「カタールが最終的にバーレーン定式を受諾したことが記録されている」[(125)]ものと認定し、バーレーン定式の意味を以下のように理解する。

> 「(バーレーン定式は、) 裁判所が取り扱うべき紛争の範囲（the limits of the dispute, les limites du différend）を決定した。同定式は、提訴方法がなんであれ、各当事国が、この枠組みの中で、自らの請求（its own claims, ses propres prétentions）を裁判所に提出する可能性を残していた。……バーレーン定式は、各当事者が個別の請求（distinct claims, prétentions distinctes）を提出することを許しているが、それにもかかわらず、紛争の全体(the whole of the dispute, l’emsemble du différend）が裁判所に付託されることを前提としている（下線引用者)」[(126)]。

ここでは、管轄権決定権により管轄権基礎の内容判断がなされており、請求の提出による**紛争全体**の付託が管轄権設定の前提であると確認されているといえよう(127)。

しかし、上記認定後、94年判決は、管轄権の決定へとその検討を進めるのではなく、1991年７月８日に提出されたカタールの請求訴状が「バーレーン定式の枠内で同国の**特定の請求**（the particular claims, les prétentions spécifiques）を述べて」おり(128)、とりわけズバーラに対する紛争についていかなる言及もなされていないため、「**バーレーン定式が想定した紛争の一部**（only part of the dispute, une partie du différend）にしか対応していない」(129)という。その結果、以下のような認定を行ったのである。

「裁判所は、両当事者が共に同意している90年議事録およびバーレーン定式に意味されている紛争の全体を裁判所に付託できる機会を当事者に与えることを決定した。かかる紛争全体の提出は、両当事者の必要ならば適当な付属行為を伴う共同行為（a joint act, une démarche conjointe）によって、または複数の個別行為（separate acts, démarches individuelles）によっても実現可能である（下線引用者）」(130)。

そして、主文において、「当事者に紛争全体を裁判所に付託する機会を与えることを決定」し(131)、「この目的のために共同して又は個別に（jointly or separately, conjointement ou individuellement）行動をとる期限を1994年11月30日と定め」たのであった(132)。

ところが、94年判決を受けて両国間で持たれた交渉は失敗に終わり(133)、1994年11月30日に、カタールは「1994年７月１日の裁判所判決41項の主文⑶及び⑷に従う覚書（la démarche, the Act）（以下、覚書と略）」を提出するに至る(134)。同覚書は、付託事項リストに、「ズバーラ」を記載すると同時に、「バーレーンがズバーラに関する請求を主権の請求として明記することを理解する」との一文を挿入したものであり、1994年11月19日にカタールが提示し、同月25日にバーレーンにより拒否された草案と同一であった(135)。

これを受けた95年判決は、94年判決が「紛争全体を付託する機会を当事者に与える」ことで判断を回避した付託方法に関して、94年判決がその判断資料とした文書（特に90年議事録）のみを持って判断を下すことになる。先ず、裁判所は、当事者が付託方法をめぐり90年議事録第２項の解釈を依然として争っていることを確認した後(136)、条約法に関するウィーン条約に具現される解釈規則を適用することによって当該本文の意味を決定する責任があるという(137)。そして、裁判所は90年議事録第２文を文言解釈し、とりわけ《pouvoir》, “may” という表現を根拠として、同議事録は一方的付託を許容していると解するのである(138)。さらに、裁判所は、以下のように、バーレーン定式の意味を手続的観点（一方的提訴の許容性）にまで拡張することによって、自らの立論を補強しているように思われる。

「バーレーン定式の本質は裁判所が取り扱うべき紛争を限定することにあるが、他方でそのように定められた枠内で各当事者が自らの請求（ses propres prétentions, its own claims）を提示することを委ねている。……裁判所は、特別合意の交渉が失敗したことに鑑みて、両当事者がドーハで合意したバーレーン定式の唯一の手続的含意（la seule implication procédurale, the only procedural implication）は、各当事者が個別の請求（prétentions distinctes, distinct claims）を裁判所に付託できる点にあったと考える（下線引用者）」(139)。

上記の解釈手段により、「ドーハ（90年）議事録第２項の本文（とりわけ第２文：「その期間が経過するや、カタールが受諾したバーレーン定式に従い、かつその結果生ずる手続きに従って、当事者は問題を国際司法裁判所に提訴しうる」）は、……裁判所への**一方的提訴を許す**ものと思われる」(140)と結論付けられたのであった。つまり、90年議事録は提訴方法の合意をも含んでいると解されたのである(141)。

このように95年判決は、90年議事録を「管轄権への同意を再確認し、バーレーン定式に従い紛争主題を決定する」ものであると同時に、一方的提訴をも許容するものであると認定して、紛争を裁判する管轄権を是認した(142)。さらに、同判決は、続いて受理可能性の問題、つまり「紛争の範囲（la portee du différend, the scope of the dispute)」の問題を取り扱う(143)。管轄権判断の際とは異なり、この文脈においてカタールの「覚書」が決定的な意味を持っているように思われる。曰く、

「カタールは、1994年11月30日の単一の個別行為（démarche individuelle, a separate act）によって、バーレーン定式で規定されている両国間の紛争全体（《l'emsemble du différend qui oppose Qutar et Bahrein, tel que circonscrit》par la formule bahreinite, "the whole of the dispute between Qatar and Bahrain, as circumscribed" by the Bahraini formula）を裁判所に付託した（下線引用者）」(144)。

つまり、ここで裁判所は、1994年11月30日にカタールが提出した「覚書」によって「紛争全体の付託」がなされたとみていると考えられる。そして、このことは、以下のように正当化されている。

「ハワール諸島およびズバーラの問題（la question, the matter）が、裁判所に付託されたときから、これらに対する主権の請求（des revendications, the claims）はいずれの当事者（l'un ou l'autre des Parties, either of the Parties）によっても提出しうることは明らかである（下線引用者）」(145)。

以上の簡潔な考察を基礎にして、裁判所は「カタールによって用いられた用語法は正確に紛争主題を記載しているように思われる。かかる事情の下で、裁判所は今や紛争全体（l'emsemble du différend, the whole of the dispute）が係属しており、カタールの請求訴状は受理可能であると結論する」(146)と述べ、主文において、以下のような認定をなしたのであった。

「⑴裁判所に提出されたカタールとバーレーンとの間の紛争を裁判する管轄権を有すると認定する。

⑵1994年11月30日に定式化されたカタールの請求訴状は受理可能であると認定する（下線引用者）」(147)。

以上が各判決の概略であるが、本章の関心からする問題は、95年判決において新請求（ズバーラの「主権」に関する請求）が、法上、“職権的”に追加認容されたと解す余地があるのかどうかである。換言すれば、ここでの問題は、ズバーラの主権に関する請求は「覚書」によって一方的に付託されたとする主張の妥当性にある。それでは、以下、①「覚書」の法的性格、そして、②94年判決により許容されうる付託方法、の2点からこの問題を検討してみたい。

まず、「覚書」の法的性格に関して、「請求訴状の修正又は追加」と考える可能性がある。この点、エリュー・ローターパクトは以下のように述べる。

> 「管轄権が設定された紛争が「覚書」により定義されたものであれば、裁判所は、実際上、カタールに請求訴状を修正し、当初裁判所に付託された事件の範囲を拡張する（expand the scope of the case）ことを認めたことになる（下線引用者）」[148]。

しかし、手続上、「覚書」を「請求訴状の修正ないし追加」とはみなし得ない。なぜなら、バーレーンに意見陳述の機会が与えられていないからである[149]。

また、コスナードは、「覚書」を「申立て（les conclusions）の修正」であるとみる[150]。ただし、申立ての修正は管轄権の基礎を変更し得ないので、管轄権は94年判決の段階ですでに設定されていたと考えねばならず、「裁判所は、94年段階で抽象的かつ具体的な管轄権を黙示的に設定していたが、カタールが限定的な申立てによって裁判所に課した制限のため、この管轄権を完全には行使し得なかった」という理解を前提にする。そして、94年判決は管轄権のすべての要素を含んでいたのであり、「覚書」は申立ての修正のみならず、1991年の請求訴状を適式化する「遡及効」を持つと結論付けるのである。しかし、この立論は、上述の立論（「請求訴状の修正又は追加」）と同じ難点（意見陳述機会の欠如）を持つ上に、以下のような問題をも含んでいる。まず第1に、この立論は、94年判決で黙示に設定された管轄権が「紛争全体」、つまりズバーラに関する紛争をも含んでいることを前提としているように思われる。しかし、この前提は、管轄権決定を回避した94年判決の内容と一致しない[(151)]。さらに、申立ての修正により請求訴状における紛争主題を変更することはできないのであり[(152)]、「覚書」に請求訴状の瑕疵を治癒する遡及効を認めることは、申立てと紛争主題の序列を逆転させており、論理に飛躍があるといわざるをえない。

したがって、「請求訴状の修正又は追加」と「申立ての修正」のいずれにせよ、「覚書」に訴訟行為としての性格を認めることは、従来の慣行を離れるものとして正当性を欠き、訴訟手続に不確定性を導入することになろう[(153)]。

次に、94年判決の許容する付託方法について、94年判決は、文言を見る限り、複数の個別行為を前提としていたように思われる[(154)]。そのため、文言解釈によると、94年判決は一方当事者の単独行為を許容していないと解される[(155)]。さらに、エバンスによれば、94年判決は、紛争主題の提示に関する問題および付託方法に関する不一致を重視せず、裁判所に紛争の実質（the substance of the dispute）を付託する合意を優先したものであり、付託方法に関して「いったん事件が付託**された**ならば、（ズバーラに対する）主権の請求は、バーレーンが望むならば、バーレーンによって提出されうるだろう（強調原文）」という実用的な立場を採っていたと見れる[(156)]。そうであるならば、94年判決の趣旨からも、カタールによる一方的付託は許容されていなかったと見るべきであるように思われる。

上記2点の検討からは、「覚書」による新請求の一方的付託は法的に正当化しがたいと結論付けられる[(157)]。それゆえ、論理的には、ズバーラの主権に対するバーレーンの請求が正式に付託されていないことを理由として、「紛争全体」が付託されていないため、管轄権を否定する余地もあったものと思われる[(158)]。この対応は、紛争主題に関して当事国間に合意はなく[(159)]、カタールの了解の単なる記載は、ズバーラの問題を裁判所に付託するというバーレーンの合意を意味しない[(160)]ことに基礎付けられよう。つまり、バーレーンの同意欠如の帰結として、裁判所が本件を却下することも可能であったと考えられるのである。しかし、裁判所は、バーレーンが明示に反対にも関わらず、ズバーラに対する「主権」の請求の“一方的付託”を受理したのであり、「同意原則」から逸脱する形で当該請求を認容したと評さざるをえないであろう[161]。

以上、本件においては、バーレーン定式により紛争の範囲（つまり管轄権の範囲）は画定されており、その紛争全体に両当事国の提出する**請求**が対応していることこそが当該管轄権行使の前提条件であったといえる。しかし、ズバーラに対する主権の請求については、被告バーレーンによる付託はなく、かつ原告カタールの行為も、手続上、問題があったため、理論上、却下判決を下すことも可能であったように思われる。それにもかかわらず、裁判所は「同意原則」を逸脱する形で当該請求を受理し管轄権行使を是認したのであり、ここに裁判所が紛争主題の認定を媒介して、請求を職権的に（少なくとも「覚書」の法的難点を無視するという意味で）統制したとみる余地があるように思われる。

【本章のまとめ】

裁判所により決定される事項（判決事項）は、①管轄権内の事項でなければならず、②決定を求められている事項（請求事項）でなければならず、③現実に係争中の事項ないしは紛争の一部でなければならない[162]。この観点からすれば、*non ultra petita* 規則は、②の側面を規律する規則であるといえよう。他方、裁判所の請求解釈権は②のみならず、紛争決定権を媒介することで③にも関係しているのであった。つまり、理論上、裁判所は、請求解釈権の名の下、③の観点から②を規律しうるのである。このことにより、*non ultra petita* 規則との抵触を理論上回避しつつ、紛争事実関係を考慮して実質的に請求を操作することが可能となっていると考えられる。

こうした理論上の関係は、実際の請求解釈権の行使事例により確認される。判例において、裁判所は「客観的」に認定した紛争を基準として、請求事項を判断していると評せるのである。ここに裁判所による争点の作り替えが内包されているといえよう。そして、行使態様に即してみると、請求事項を減縮する事例は、司法判断回避の危険性を孕むものであるのに対し、請求事項を拡張する事例は、包括的な紛争処理を念頭においた対応であると考えられる。ただし、本章で検討したカタールとバーレーンの海洋境界画定及び領土問題事件において問題になったのが領域（ズバーラ）に対する主権であったため、当事者の請求は単純にそれぞれ自国の権利の存在を訴えるものに留まらざるをえず(163)、紛争主題により請求が一義的に定まり得たことも裁判所の判断に影響したとも考えられる。そのため、請求事項の拡張が他の請求類型において可能かどうかは、なお慎重な検討を要するように思われる。

以上、裁判所は、その判決手続において、紛争事実関係と請求を有機的に連関させる試みを自ら職権的に採り得るし、採ってきたと結論付けられる。

【注】

（１） *See* R. Jennings, *The Proper Work and Purpose of the International Court of Justice, in* A.S. Muller *et al.* (eds.), The International Court of Justice: Its Future Role After Fifty Years (1996), p. 34

（２） *See* R. Jennings, *The Role of the International Court of Justice,* 68 BYIL (1997), pp. 45-46.

（３） Affaire du Détroit de Corfou, Arrêt du 15 décembre 1949, CIJ Recueil 1949, p. 249.

（４） S. Rosenne, The Law and Practice of the International Court 1920-1996 (3rd Ed., 1997), p. 594.

（５） Demande d'intérprétation de l'Arrêt du 20 novembre 1950 en l'affaire du droit d'asile, Arrêt du 27 novembre 1950, CIJ Recueil 1950, p. 402.

（６） ちなみに、訴訟の主体に関する制限（いわゆる第三者法益原則）により請求事項への判断が回避されることもある。*Voir* Affaire de l'or monetaire pris à Rome en 1943 (question préliminaire), Arrêt du 15 juin 1954, CIJ Recueil 1954, pp. 30-33; East Timor (Portugal *v.* Australia), Judgment, ICJ Reports 1995, pp. 100-105, paras. 23-35. 杉原高嶺「国際司法裁判所における第三者法益原則-その形成事情と適用基準の分析-」法学論叢144巻４・５号（1999）21-43頁も参照。

（７） Affaire des zones franches de la Haute-Savoie et du Pays de Gex, arrêt du 7 juin 1932, CPJI Sér. A/B, No. 46, p. 96, *esp.* pp. 161-162. 本件において裁判所は、特定の関税免除に関する問題は経済的利益の相互作用に依存する問題であるため、法の適用を任務とする司法裁判所が当事者間の紛争の解決に援助を与えうる範囲の外にある、と指摘した。

（８） Affaire Haya de la Torre, Arrêt du 13 juin 1951, CIJ Recueil 1951, p. 71, *esp.* pp. 78-79 and 82-83. 本件において、庇護の実際的終止方法につき実際的助言を与えることは、司法的任務を逸脱すると判示された。

(９) Case concerning the Northern Cameroon (Cameroon *v.* United Kingdom), Preliminary Objections, Judgment of 2 December 1963, ICJ Reports 1963, p. 15, *esp*. pp. 33-34. 本件において裁判所は、信託統治協定の終了により、実効的適用の不可能な判決を下すことは出来ない、と判示した。

(10) Case concerning Right of Passage over Indian Territory (Merits), Judgment of 12 April 1960, ICJ Reports 1960, pp. 29-30.

(11) Barcelona traction, Light and Power Company, Limited, arrêt, CIJ Recueil 1970, p. 37, para. 49.

(12) *Voir* Mandat d'arrêt du 11 avril 2000 (République démocratique du Congo *c.* Belgique), arrêt du 14 février 2002, CIJ Recueil 2002, pp. 18-19, para. 43.

(13) *Id.*

(14) なお、カメルーンとナイジェリアの領土及び海洋境界画定事件（本案）において、パラアラグレン判事は、逮捕状事件の同判示に言及しつつ、裁判所の主文Ｖ(C)を批判している。*Voir* Frontière terrestre et maritime entre le Cameroun et le Nigéria (Cameroun *c.* Nigéria; Guinee equatoriale (intervenant)), arrêt du 10 octobre 2002, CIJ Recueil 2002, p. 488 (Judge Parra-Aranguren, Separate Opinion).

(15) ちなみに、油井やぐら事件（本案）において、この問題は生じたと考えられる。同判決の主文(1)前段における「米国によるイラン油井やぐらに対する行動は、武力行使に関する国際法の観点から解釈された1955年友好・経済関係及び領事条約20条１項(d)に規定される米国の本質的安全保障の利益保護に必要な措置として正当化し得ない」という認定に対し、ヒギンズ判事およびバーゲンソール判事は、*non ultra petita* を理由として批判しているのである。*See* Oil platforms (Islamic Republic of Iran *v.* United States of America), Judgment, Merits, 6 November 2003, ICJ Reports 2003, pp. 178-199 and 218, paras. 31-78 and 125(1); *id.*, (Judge Higgins, Separate Opinion), pp. 227-231, paras. 9-24; *id.*, (Judge Buergenthal, Separate Opinion), pp. 271-274 paras. 4-10.

(16) ただし、脱漏は司法機能の限界に関わる場合、例外的に正当化されうる。本文上述。

(17) 同規則違反の判決は、理論上、無効であり、既判力（*res judicata*）を有さないと考えられる。ただし、実際に違反を問う手続は存在しない。H. Thirlway, *The Law and Procedure of the International Court of Justice 1960-1989, part ten*, 70 BYIL (1999), p. 16, *esp*. note 5.

(18) *See* S. Rosenne, *supra* note 4, p. 595; G. Fitzmaurice, The Law and Procedure of the International Court of Justice (1986), p. 524; H. Thirlway, *supra* note 17, p. 21.

(19)　G. Fitzmaurice, *supra* note 18, p. 524.

(20)　S. Rosenne, *supra* note 4, p. 595.

(21)　*See* H. Thirlway, *Reflections on the Articulation of International Judicial Decisions and the Problem of "Mootness", in* R. St. J. Macdonald (ed.), Essays in honour of Wang Tieya (1993), p. 792. ただし、「枠組み合意」と呼称される例外があり得る。*See* S. Rosenne, *supra* note 4, pp. 672-677.

(22)　Affaire du《Lotus》case, CPJI Sér. A, No. 10, p. 12.

(23)　Continental Shelf (Libyan Arab Jamahiriya/Malta), Judgment, ICJ Reports 1985, p. 23, para. 19.

(24)　「申立てにより、判決の限界が定められる」。*Voir* Demande d'interprétation de l'Arret du 20 novembre 1950 en l'affaire du droit d'asile, Arret du 27 novembre 1950, CIJ Recueil 1950, p. 402. *See also* G. Fitzmaurice, *supra* note 18, p. 525, *esp*. note 2; H. Thirlway, *supra* note 21, p. 792.

(25)　ここでの権限踰越は、応訴管轄（*forum prorogatum*）による治癒の可能性がある。*See* S. Rosenne, *supra* note 4, p. 1269; H. Thirlway, *Judicial Activism and the International Court of Justice, in* N. Ando *et al.* (eds.), Liber Amicorum Judge Shigeru Oda (2002), p. 80.

(26)　*See* H. Thirlway, *supra* note 17, p. 22.

(27)　Fisheries Jurisdiction (United Kingdom *v.* Iceland), Merits, Judgment, ICJ Reports 1974, p. 129, para. 5, (Judge Gros, Dissenting Opinion)「管轄権の範囲を超えた」; *id.*, p. 137, para 19.「条約により設定された管轄権の範囲を、原告が一方的に拡張できない」

(28)　Fisheries Jurisdiction (United Kingdom *v.* Iceland), Merits, Judgment, ICJ Reports 1974, pp. 170-171, paras. 15-16, (Judge Onyeama, Dissenting Opinion).

(29)　S. Rosenne, *supra* note 4, p. 595.

(30)　Sentence arbitrale du 31 juillet 1989, arrêt, CIJ Recueil 1991, p. 69, para. 47.

(31)　*See* H. Thirlway, *supra* note 21, p. 794.

(32)　Application for Review of Judgment No. 158 of the United Nations Administrative Tribunal, Advisory Opinion, ICJ Reports 1973, p. 207, para. 87.

(33)　*See* H. Thirlway, *supra* note 17, p. 25.

(34)　コルブは、「裁判所は、解釈という手段により、訴訟当事国の請求事項を多少作り直したり、"真の" 請求事項から逸脱することさえもできる（下線引用者）」と指摘する。*See* R. Kolb, *General Principles of Procedural Law, in* A. Zimmermann *et al.* (eds), The Statute of International Court of Justice: a commentary (2006), p. 815.

(35)　Affaire relative à certains intérêts allemands en haute-silésie polonaise, fond, CPJI Sér. A, No. 7, pp. 34-35（強調引用者）.

(36)　Nuclear Tests (Australia *v.* France), Judgment of 20 December 1974, ICJ Reports 1974, p. 262, para. 29; Nuclear Tests (New Zealand *v.* France), Judgment of 20 December 1974, ICJ Reports 1974, p. 466, para. 30; Demande d'examen de la situation au titre du paragraphe 63 de l'arrêt rendu par la Cour le 20 décembre 1974 dans l'affaire des essais nucléaires (Nouvelle-Zélande *c.* France), CIJ Recueil 1995, p. 304, para. 55 (強調引用者).

(37)　S. Rosenne, *supra* note 4, p. 1271.

(38)　H. Thirlway, *The Law and Procedure of the International Court of Justice 1960-1989, part nine*, 69 BYIL (1998), p. 19. コルブも、請求解釈は「第三者による法規範の適用に内在する (inherent)」と指摘する。*See* R. Kolb, *supra* note 34, p 815.

(39)　*Voir* J. Basdevant, *Quelles mots sur les "conclusions" en procédure internationale, in* Scritto diritto internationale in onore di Tomaso Perassi, volume primo (1957), pp. 178-179.

(40)　*See* G. Fitzmaurice, *supra* note 18, at 579; H. Thirlway, *supra* note 21, p. 790.

(41)　*See* H. Thirlway, *supra* note 21, p. 791.

(42)　Affaire des pêcheries (Royaume-uni *c.* Norvège), Arrêt du 18 novembre 1951, CIJ Recueil 1951, p. 126.

(43)　The Minquiers and Ecrehos case, Judgment of November 17th, 1953, ICJ Reports 1953, pp. 50-51.

(44)　*Id.*, p. 52.

(45)　Affaire Nottebohm (deuxième phase), Arrêt du 6 avril 1955, CIJ Recueil 1955, p. 16; *voir aussi id.*, pp. 9-12.

(46)　*Id.*, p. 16.

(47)　Affaire relative à l'application de la Convention de 1902 pour régler la tutelle des mineurs (Pays-Bas *c.* Suède), Arrêt du 28 novembre 1958, CIJ Recueil 1958, pp. 58-59 and 61. (la requête, le memoire, la replique et les conclusions finales du Gouvernement des Pays-Bas)

(48)　*Id.*, p. 62.

(49)　*Id.*, pp. 59-61. (la duplique et les conclusions finales du Gouvernement de la Suède)

(50)　*Id.*, p. 62.

(51)　Nuclear Tests (Australia *v.* France), Judgment of 20 December 1974, ICJ Reports 1974, p. 262, para. 29; Nuclear Tests (New Zealand *v.* France), Judgment of 20 December 1974, ICJ Reports 1974, p. 466, para. 30.

(52)　Nuclear Tests (Australia *v.* France), Judgment of 20 December 1974, ICJ

Reports 1974, p. 263, para. 30; Nuclear Tests（New Zealand *v.* France）, Judgment of 20 December 1974, ICJ Reports 1974, p. 467, para. 31.

(53)　*See* S. Rosenne, *supra* note 4, p. 519. 紛争の決定は、訴訟内外の事実認定の問題であると考えられる。なお、漁業管轄権事件（スペイン対カナダ）では、**紛争の決定**の文脈で、上述した核実験事件が引用されている。*See* Fisheries Jurisdiction（Spain *v.* Canada）, Jurisdiction of the Court, Judgment, ICJ Reports 1998, p. 449, para. 31.

(54)　H. Thirlway, *supra* note 17, p. 27.

(55)　*See* H. Thirlway, *id.*, pp. 27-28.

(56)　紛争の存在は、一方当事者の主観的否定に依存せず（*voir* Interprétation des traités de paix, Avis consultatif, CIJ Recueil 1950, p. 74; Land, Island and Maritime Frontier Dispute（El Salvador/Honduras: Nicaragua intervening）, Judgment of 11 September 1992, ICJ Reports 1992, p. 555, para. 326）、かつ一方当事者の主観的肯定にも依存しない（*see* South West Africa Cases（Ethiopia *v.* South Africa; Liberia *v.* South Africa）, Preliminary Objections, Judgment of 21 December 1962, ICJ Reports 1962, p. 328; East Timor（Portugal *v.* Australia）, Judgment, ICJ Reports 1995, p. 100, para. 22）。

(57)　後者の問題については、被告カナダは口頭弁論中に主張を撤回しており、裁判所も留保の検討により管轄権を否認したため、職権的に同問題に決定を下すことを求められていないとした。Fisheries Jurisdiction（Spain *v.* Canada）, Jurisdiction of the Court, Judgment, ICJ Reports 1998, pp. 467-468, para 88. 同問題については、R. Churchill, Fisheries Jurisdiction Case（Spain *v.* Canada）, 12 LJIL（1999）, pp. 608-609 を参照。

(58)　Fisheries Jurisdiction（Spain *v.* Canada）, Jurisdiction of the Court, Judgment, ICJ Reports 1998, pp. 447-448, para 29.

(59)　*Id.*, p. 448, para 30. ここで、核実験事件（Nuclear Tests（New Zealand *v.* France）, Judgment of 20 December 1974, ICJ Reports 1974, p. 466, para. 30.）が援用されている。

(60)　Fisheries Jurisdiction（Spain *v.* Canada）, Jurisdiction of the Court, Judgment, ICJ Reports 1998, p. 449, para. 31. ここでは、カタールとバーレーンの海洋境界画定及び領土問題事件（Délimitation maritime et questions territoriales entre Qatar et Bahrein, compétence et receivabilité, arrêt, CIJ Recueil 1995, pp. 24-25）が援用されている。

(61)　Fisheries Jurisdiction（Spain *v.* Canada）, Jurisdiction of the Court, Judgment, ICJ Reports 1998, pp. 449-450, para. 33（強調引用者）.

(62)　*Id.*, p. 450, paras. 34-35.

(63)　*Id.*, p. 450, para. 35.

(64)　*See* L. de la Fayette, *The Fisheries Jurisdiction case* (*Spain v. Canada*), *Judgment on Jurisdiction of 4 December 1998*, 38 ICLQ (1999), p. 667. 実際、裁判所は、カナダの留保の文言を、「まさにその“主題”が当該措置である紛争のみならず、当該措置に関係する（“*concerning*”）紛争、そして、当該措置にその“起源”を有する（“*arising out of*”）、つまりは当該措置がなければ、生じなかったであろう紛争、をも排除する。」(*see* Fisheries Jurisdiction (Spain v. Canada), Jurisdiction of the Court, Judgment, ICJ Reports 1998, p. 458, para. 62.）と解釈し、「裁判所の見解としては、本判決35項において同定されたように、当事国間の紛争は、カナダによる沿岸漁業保護立法および規則の修正、ならびにそこから帰結したエスタイ号の追跡・臨検・捕獲にその起源を持つ。同時に、当該紛争がこれら事実とかなり関係をもつということは明らかである。裁判所がこれら事実に認めた法的性質決定（the legal characterization, la qualification juridique）に鑑みて（下線引用者）」、スペインによって提起された紛争を、カナダの留保に該当する紛争を構成すると結論付けたのである。(*id.*, p. 467, para. 87.)

(65)　*See* Fisheries Jurisdiction (Spain *v.* Canada), Jurisdiction of the Court, Judgment, ICJ Reports 1998, pp. 521-533, paras. 13-41, (Judge Bedjaoui, Dissenting Opinion) ; *id.*, pp. 554-561, para. 2, paras. 4-21 (Judge Ranjeva, Dissenting Opinion) ; *id.*, pp. 570-574, paras 2-9 (Judge Vereshchetin, Dissenting Opinion) ; *id.*, pp. 601-629, paras 52-120 (Judge Torrs Bernardez, Dissenting Opinion) .

(66)　「紛争主題は請求を含んだ概念である」という見解については、*Id.*, p. 558, para. 13 (Judge Ranjeva, Dissenting Opinion) ; *id.*, pp. 601-602, para. 53 (Judge Torrs Bernardez, Dissenting Opinion) を参照。

(67)　*Id.*, p. 533, para.41 (Judge Bedjaoui, Dissenting Opinion) ; *id.*, p. 629, para 119 (Judge Torrs Bernaldez, Dissenting Opinion).

(68)　*Id.*, pp. 449-450, para. 33.

(69)　*Voir* P. Weil, *Le principe de la juridiction consensuelle à l'épreuve du feu: à propos de l'arrêt de la Cour internationale de Justice dans l'affaire de la compétence en matière de pêcheries* (*Espagne c. Canada*), *in* C.A. Barea *et al.* (ed.), Liber Amicorum 'In Memoriam' of Judge José María Ruda (2000), p. 174.

(70)　*Voir* P. Weil, *id.*, p. 175.

(71)　*See also* I. Shihata, The power of the International Court to determine its own jurisdiction (1965), pp. 32-34 and 299.

(72)　P. Weil, *supra* note 69, p. 175.

(73)　ただし、ベレシュテティン判事は紛争が分離可能であると見る。Fisheries Jurisdiction (Spain *v.* Canada), Jurisdiction of the Court, Judgment, ICJ Reports 1998, pp. 572-573, paras 6-8 (Judge Vereshchetin, Dissenting Opinion).

(74) *Id.*, (Judge Ranjeva, Dissenting Opinion), p. 561, para. 20 (強調引用者). ここで同判事は、職権的な紛争主題の言い換えにより、*ultra petita* が生じていると主張するが、本件では「紛争」の留保該当性により管轄権が否定されているため、*ultra petita* の問題は生じ得ないように思われる。(上述 **1** (2)(b) を参照。)

(75) 裁判所がスペインの請求を自ら認定した「紛争」に対する管轄権の欠如を理由として却下したことは、違法行為を除外する留保の可否及びその解釈を巡る問題に影を落としているように思われる。判決は、特定の行為と一般国際法との両立性は本案の問題であり管轄権問題と峻別して処理したが、反対意見は一般国際法上の問題は留保の範囲外であり、本案に併合すべきと考えていた。*See* Fisheries Jurisdiction (Spain *v.* Canada), Jurisdiction of the Court, Judgment, ICJ Reports 1998, pp. 455-456, paras 53-56, *esp*. pra. 55; *id.*, pp. 496-515, (Judge Weeramantry, Dissenting Opinion). *See* also R. Churchill, *Fisheries Jurisdiction Case (Spain v. Canada)*, 12 LJIL (1999), pp. 605-607.

(76) 管轄権判断を回避した理由は、1928年国際紛争平和的処理に関する一般議定書の判断を回避したかったことにあると指摘されている。*See* H. Thirlway, *supra* note 21, p. 804.

(77) *See* I. Brownlie, *Causes of Actions in the Law of Nations*, 50 BYIL (1979), p. 39.

(78) Affaire de l'Interhandel, Arrêt du 21 mars 1959, CIJ Recueil 1959, p. 6.

(79) *Id.*, p. 27. *See also* Elettrpnica Sicula S.p.A. (ELSI), Judgment, ICJ Reports 1989, p. 42, para. 50.

(80) *See* R. Jennings and A. Watts, Oppenheim's International Law (9th Ed., 1992), p. 523, *esp.* note 3.

(81) *Voir* Affaire de l'Interhandel, Arrêt du 21 mars 1959, CIJ Recueil 1959, p. 27.

(82) *See id.*, p. 28.

(83) *Id.*, pp. 28-29.

(84) *See* M. Adler, *The Exhaustion of the Local Remedies Rule after the International Court of Justice's decision in* ELSI, 39 ICLQ (1990), pp. 651-652.

(85) *See* Elettrpnica Sicula S. p. A. (ELSI), Judgment, ICJ Reports 1989, pp. 42-43, para. 51-52.

(86) R. Jennings and A. Watts, Oppenheim's International Law (9th Ed., 1992), p. 523, *esp.* note 3.

(87) 田畑茂二郎他編『ケースブック国際法［新版］』(有信堂，1987) 305頁

(太寿堂鼎執筆)。また、ショウは、厳格な解釈により「国民の利益と国家自身の利益の双方を含む混合請求においては、国内的救済完了原則が適用されように思われる。」と指摘する。M. Show, International Law (4th Ed., 1997), p. 569.

(88) *Voir* Affaire de l'Interhandel, Arrêt du 21 mars 1959, CIJ Recueil 1959, pp. 9-10 and 12-14.

(89) *Id.*, p. 29.

(90) *See id.*, p. 32 (Judge Carry, Declaration) ; *id.*, pp. 83-84 (Judge Winiarski, Dissenting Opinion) ; *id.*, pp. 120-121 (Judge H. Lauterpacht, Dissenting Opinion).

(91) I. Brownlie, Principles of Public International Law (4th Ed., 1990), pp. 503-504; (5th Ed., 1998), pp. 505-506.

(92) Fisheries Jurisdiction (United Kingdom *v.* Iceland), Merits, Judgment, ICJ Reports 1974, p. 3.

(93) *Id.*, p. 7.

(94) *See id.*, p. 119, para. 33, (Judge Gros, Dissenting Opinion).

(95) *Id.*, p. 29, para. 67 and p. 34, para. 79(1).

(96) 田畑他編・前掲注(87)15頁(芹田健太郎執筆)。

(97) Fisheries Jurisdiction (United Kingdom *v.* Iceland), Merits, Judgment, ICJ Reports 1974, p. 21, para. 47. *See also* Fisheries Jurisdiction (Federal Republic of Germany *v.* Iceland), Merits, Judgment, ICJ Reports 1974, p. 190, para. 39.

(98) H. Thirlway, *supra* note 17, p. 24. なお、裁判所は「一切の関連性ある要素を考慮に入れる権限」にも言及して、優先的漁業権概念の検討を正当化している。*See* Fisheries Jurisdiction (United Kingdom *v.* Iceland), Merits, Judgment, ICJ Reports 1974, pp. 21-22, para. 48. *See also* Fisheries Jurisdiction (Federal Republic of Germany *v.* Iceland), Merits, Judgment, ICJ Reports 1974, p. 190, para. 40.

(99) *See* Fisheries Jurisdiction (United Kingdom *v.* Iceland), Merits, Judgment, ICJ Reports 1974, pp. 27-29, paras. 61-66, *esp.* para. 62.

(100) 田畑他編・前掲注(87)15頁(芹田健太郎執筆)。

(101) *See* H. Thirlway, *supra* note 25, pp. 83-84.

(102) ICJ Pleadings, Fisheries Jurisdiction (United Kingdom *v.* Iceland), vol. I, p. 488.

(103) Nuclear Tests (New Zealand *v.* France), Judgment of 20 December 1974, ICJ Reports 1974, p. 457; Nuclear Tests (Australia *v.* France), Judgment of 20 December 1974, ICJ Reports 1974, p. 253.

(104) ルイスは、「本判決は、主張された争点の範囲および求められてる救済方法の性質の双方を裁判所が自由に決定する傾向を明らかにしている。」と指摘する。J. J. Ruiz, *Mootness in Internationl Adjudication: The Nuclear Test Cases*, 20 GYIL（1977）, p. 364.

（105）Nuclear Tests（New Zealand *v.* France）, Judgment of 20 December 1974, ICJ Reports 1974, p. 460, para. 11.

（106）*Id.*, p. 466, para. 29.

（107）「もし判決の基礎が損なわれるようなことがあれば、原告は裁判所規程の規定に従ってその事態の審査を要求できるであろう。」Nuclear Tests（New Zealand *v.* France）, Judgment of 20 December 1974, ICJ Reports 1974, p. 477, para. 63.

（108）Demande d'examen de la situation au titre du paragraphe 63 de l'arrêt rendu par la Cour le 20 décembre 1974 dans l'affaire des Essais nucléaires（Nouvelle-Zélande *c.* France）, CIJ Recueil 1995, pp. 304-306, paras. 55-65.

（109）*Id.*, p. 306, para. 62.

（110）*Id.*, p. 306, para. 65.

（111）*Id.*, p. 316（Judge Shahabuddeen, Separate Opinion）.

（112）Nuclear Tests（Australia *v.* France）, Judgment of 20 December 1974, ICJ Reports 1974, p. 256, para. 11.

（113）古川照美「国際司法裁判所における司法判断回避の法理」国際法外交雑誌87巻2号（1988）151頁。

（114）*See* ICJ Pleadings, Nuclear Tests, Vol. I, p. 331, para. 435.

（115）Nuclear Tests（Australia *v.* France）, Judgment of 20 December 1974, ICJ Reports 1974, p. 263, para. 30. ちなみに、この点につき、ニュージーランドの事件では、以下のように正当化が図られている。「請求訴状は、両当事国の権利および義務の確定を求める申立てを含んでいる。しかし、本件において、事件の主因が南太平洋区域でフランスが行った大気圏核実験であったこと、そして原告の最初にして最終の目的がそれら実験を終わらせることにあり、それが今なお変わっていないことは明らかである。このことは、ニュージーランド政府の様々な発言により確認される。……このように、裁判所に提起された紛争は、それが生じた状況、および当該紛争に影響を与えるかもしれないその後の展開から、分離することは出来ない（下線引用者）」。Nuclear Tests（New Zealand *v.* France）, Judgment of 20 December 1974, ICJ Reports 1974, p. 467, para. 31.

（116）*See* Nuclear Tests（Australia *v.* France）, Judgment of 20 December 1974, ICJ Reports 1974, pp. 312-317, paras. 2-14,（Judge Onyeama, Dillard, Jimenez de Arechaga and Waldock, Joint Dissenting Opinion）.

（117）*See id.*, pp. 316-317, paras. 11 and 13.

（118）　*See id.*, pp. 316-317, paras. 12 and 14.

（119）　Maritime Delimitation and Territorial Questions between Qatar and Bahrain, Jurisdiction and Admissibility, Judgment, ICJ Reports 1994（Qatar *v.* Bahrain 1994 Judgment）, p. 112; Délimitation maritime et questions territoriales entre Qatar et Bahrein, compétence et receivabilité, arrêt, CIJ Recueil 1995（Qatar *c.* Bahrein 1995 arrêt）, p. 6.

（120）　Qatar *v.* Bahrain 1994 Judgment, p. 117, para. 17.

（121）　*Id.*, p. 118, para. 18.

（122）　*Id.*, p. 119, para. 19.

（123）　*Id.*, pp. 120-122, paras. 21-30.

（124）　*Id.*, p. 123, para. 31.

（125）　*Id.*, p. 123, para. 32.

（126）　*Id.*, p. 123, para. 33. 同様の点は、管轄権の観点から95年判決でも以下のように確認されている。「バーレーン定式は、……紛争全体を明確に包含するに十分なものであった。バーレーン定式を採択するという合意は、当事者が裁判所の管轄権の範囲（l'etendue de la compétence de la Cour, the extent of the Court's jurisdiction）について一致していることを示した。つまり、それは一般的ではあるが明確な文言で、裁判所が今後考慮せねばならない紛争の範囲（les limites du différend, the limits of the dispute）を定めたのである。」Qatar *c.* Bahrein 1995 arrêt, p. 12, para. 31.

（127）　ロゼンヌは、この部分が「重要な判示」であると指摘する。S. Rosenne, *The Qatar/Bahrain Case: What is a Treaty? A Framework Agreement and the Seising of the Court*, 8 LJIL（1995）, p. 177.

（128）　Qatar *v.* Bahrain 1994 Judgment, p. 123, para. 34（強調引用者）.

（129）　*Id.*, p. 124, para. 36（強調引用者）.

（130）　*Id.*, p. 125, para. 38.

（131）　*Id.*, p. 126, para. 41,(3).

（132）　*Id.*, p. 126, para. 41,(4). この裁判所の対応をロゼンヌは「前司法的手続（pre-judicatory proceedings）」と位置づける。*See* S. Rosenne, *supra* note 4, pp. 905-907. 他方、サールウェイは、「手続的に奇異な方法でなされたが、管轄権決定権の単なる行使である」と見る。*See* H. Thirlway, *The Law and Procedure of the International Court of Justice 1960-1989, part nine*, 69 BYIL（1998）, pp. 12-13.

（133）　同交渉過程については、Qatar *c.* Bahrein 1995 arrêt, pp. 12-14, paras. 18-22 を参照。

（134）　*Id.*, p. 14, para. 22.

（135）　*Id.*, pp. 13-14, para. 21.

(136)　*Id.*, pp. 17-18, para. 32.
(137)　*Id.*, p. 18, para. 33.
(138)　*Id.*, pp. 18-19, para. 35.
(139)　*Id.*, p. 21, para. 39. 裁判所は、"*al-tarafan*" の意味、とりわけ起草過程における同文言の変更について、それが解釈に影響を及ぼすとは認めなかった。*Voir id.*, p. 18, para. 34; *id.*, pp. 21-23, paras. 41-42. この判示に関しては、反対意見において痛烈に批判されている。*Voir id.*, pp. 27-39 (Judge Schwebel, Dissenting Opinion) ; *id.*, pp. 69-70 (Judge Koroma, Dissenting Opinion) ; *id.*, pp. 75-76 (Judge Valticos, Dissenting Opinion)
(140)　*Id.,* p. 21, para. 40 (強調引用者).
(141)　M. Cosnard, *L'affaire de la délimitation maritime et des questions territoriales entre Qatar et Bharein* (*compétence et receivabilité*), *Les arrêts de la CIJ du 1er juillet 1994 et du 15 février 1995*, 41 AFDI (1995), p. 325. この帰結として、提訴と管轄権に関するバーレーンの議論も後に却下されている。*Voir* Qatar *c*. Bahrein 1995 arrêt, p. 23, para. 43.
(142)　Qatar *c*. Bahrein 1995 arrêt, p. 24, para. 44.
(143)　*Id.*, p. 24, para. 45.
(144)　*Id.*, p. 25, para. 47.
(145)　*Id.*, p. 25, para. 48.
(146)　*Id.*, p. 25, para. 48.
(147)　*Id.*, p. 26, para. 50.
(148)　E. Lauterpacht, *'Partial' judgments and the inherent jurisdiction of the International Court of Justice, in* V. Lowe and M. Fitzmaurice (eds.), Fifty Years of the International Court of Justice (1996), p. 486.
(149)　Qatar *c*. Bahrein 1995 arrêt, pp. 41-43, paras. 4-6 (Judge Oda, Dissenting Opinion). ただし、小田判事は、「ズバーラは、1994年のカタールの請求訴状(Application) に含まれていた(下線引用者)」と本案段階では述べる。*Voir* Délimitation maritime et questions territoriales entre Qatar et Bahrein, fond, arrêt, CIJ Recueil 2001, p. 122, para. 2 (Judge Oda, Separate Opinion).
(150)　M. Cosnard, *supra* note 141, p. 326.
(151)　*See* J.G. Collier, *The International Court of Justice and the peaceful settlement of disputes, in* V. Lowe and M. Fitzmaurice (Eds.), Fifty Years of the International Court of Justice (1996), p. 372.
(152)　本書第1章参照。
(153)　E. Lauterpacht, *supra* note 148, p. 486.
(154)　*See* Qatar *v.* Bahrain 1994 Judgment, p. 125, para. 38.
(155)　Qatar *c*. Bahrein 1995 arrêt, pp. 52-54 et 65 (Judge Shahabuddeen, Dis-

senting Opinion).

(156)　M. Evans, *Case concerning Maritime Delimitation and Territorial Questions between Qatar and Bahrain* (*Qatar v. Bahrain*), *Jurisdiction and Admissibility*, 44 ICLQ (1995), p. 697.

(157)　なお、小田判事は、ズバーラの権原問題が訴訟に取り込まれたことが本件の裁判付託に対するバーレーンの受諾を可能にしたと指摘し、1995年以降、本件は手続上も合意提訴の事例になったと評価する。*Voir* Délimitation maritime et questions territoriales entre Qatar et Bahrein, fond, arrêt, CIJ Recueil 2001, p. 122, para. 2 (Judge Oda, Separate Opinion).

(158)　*See* Qatar *c.* Bahrein 1995 arrêt, pp. 52-54 et 65 (Judge Shahabuddeen, Dissenting Opinion).

(159)　M. Evans, *supra* note 156, p. 698

(160)　Qatar *c.* Bahrein 1995 arrêt, p. 75 (Judge Valticos, Dissenting Opinion).

(161)　ちなみに、本案において裁判所は、カタールがズバーラに対する主権を有すると全員一致で認定した。*Voir* Délimitation maritime et questions territoriales entre Qatar et Bahrein, fond, arrêt, CIJ Recueil 2001, pp. 64-69, paras. 70-97 et pp. 116-117, para. 252(1).

(162)　*See* H. Thirlway, *supra* note 25, p. 78.

(163)　杉原高嶺『国際司法裁判制度』(有斐閣, 1997) 213-214頁。

第4章　訴えの取下げ
──訴外での紛争解決と訴訟との関係──

国際紛争の平和的処理は、外交的手続と裁判手続とに大別され[(1)]、前者は当事者の合意による処理手段であり[(2)]、後者は第三者の決定による処理手段であるとして対置されてきた。そして、紛争当事国の合意を二重の意味において排除していくことが国際裁判の発展を意味すると一般に考えられてきたといえる。まず、手続的側面においては各国が強制的管轄権に同意すること、すなわち選択条項（国際司法裁判所規程36条２項）の受諾によって管轄権の同意原則を形骸化していくことが、国際社会における裁判所の役割を高めるものと考えられた。そして、実体的側面において、裁判は「法による解決」を実現するものであり、紛争解決案に対する「妥協」は排除されるべきであるとされた[(3)]。そのため、和解[(4)]は「妥協」と同義のものとして、「司法的解決」とは異質なものであるとみなされたのである。これらのことは、裁判所に対する紛争当事国のコントロールを制限すること、換言すれば当事者意思からの独立性を裁判所に確保することが国際裁判制度の発展をはかる指標とされてきたことを示しているといえよう。

こうした理論上の分類の影響をうけて、決定による処理を担う最も高度化した手続とされる国際司法裁判所（以下、裁判所）は、「法を基準として各紛争当事国の権利及び義務を確定する最終的且つ拘束的な判決を下すことによって付託された紛争を処理すること」[(5)]、すなわち、請求に対し現行法を適用して「判決（judgment, arrêt）」を下すことがその任務であると伝統的に考えられてきたといえる。しかし、訴外において紛争解決がなされた場合にも、裁判所は請求に対して判断を下すのであろうか。裏返して言えば、裁判外の和解は訴訟に如何なる影響をあたえうるのであろうか。

本章は、裁判所が紛争当事者の合意ひいては意思を訴訟過程においてどう位置付けているのかを訴訟終了の局面から考察することによって、紛争事実関係に関する訴外の当事者合意が訴訟に与える影響を解明することをその目的とする。そのため、ここでは当事者の行為による訴訟終了方式を取り上げて考察を進める。なぜならば、これは裁判所において、紛争事実関係の解決に関する当事者合意に対応する唯一の制度であると考えられるからであり、現在、訴訟法上「訴えの取下げ（discontinuance, désistement）」と総称されている制度がそれである[(6)]。それでは、訴えの取下げにおいて当事者の合意ひいては意思はどう位置付けられているのであろうか。ここでの問題は、紛争当事者の行為による訴訟終了の際に裁判所を規律する原理は何に求められるのかということであり、とりわけ裁判所がその際に裁判外の和解にどの程度意義を認めているのかということにある。

それでは以下、第１節では訴訟法において訴えの取下げと和解がいかなる位置を占めているのかを検討する。このことによって、訴えの取下げと和解の訴訟法上の関係及び紛争当事者による訴訟終了方式に対する裁判所のアプローチを明らかにする。そして第２節では、裁判所が訴えの取下げに際し和解を考慮したと思われる事例を検討する。このことによって、裁判所が訴訟終了に関して如何なる役割を果たしているのかを明らかにし、そのことをどのように評価すべきかを考察することにしたい。

第１節　国際司法裁判所規則における訴えの取下げと和解の位置

国際司法裁判所の訴訟法（裁判所の訴訟運営を規律する法規）は、裁判所規程と裁判所規則（以下、規程及び規則と略）である[(7)]。しかし、規程には、判決以外の訴訟終了方式に関する条文はない。このことに関しては、規則においてのみ規定されている。しかも、現行規則においては、判決以外の訴訟終了方式として訴えの取下げのみを規定しており（88条、89条）、和解は、明文上、88条２項に関連規定を持つにとどまる[(8)]。つまり、裁判所は和解それ自体が訴訟を終了させ得る法制度をとってはいない[(9)]。しかし、裁判所がなぜこのような法制度を持つに至ったのか、そして、和解と訴えの取下げがいかなる関係にあるのかについては、条文から必ずしも明確ではない。

それでは以下、１では、規則の変遷に沿って訴えの取下げと和解に関する規定を検討する。ここでは、規則上、訴訟係属中に起った裁判外の和解がどのようにとらえられてきたのかを中心に、訴え取下げの規定を分析することにする。次に、訴えの取下げと和解の関係を理論的に考察することにより、訴訟の終了に対する規則のアプローチを評価することにしたい（２）。以上のことを通じて、規則における両者の関係を明らかにしたいと考える。

１　規定の変遷

1922年規則(10)

起草当初、（暫定）事務局草案は同意判決（consent judgment, jugements d'accord）の規定を置いていた(11)。しかし、アルタミラ判事（Judge Altamira）から「当事者は提訴後に事件を取下げる権利（the right to withdraw a case）を持つかどうか」という疑問が出され（ちなみに、彼自身は否定的に解していた）(12)、それを受けた手続委員会（The Committee on Procedure）は当事者の合意による取下げを認める条文を起草したのであった(13)。その後、同問題は全裁判官からなる全体会議（Full meeting of the Court）に付託されたが(14)、そこでも「裁判所の管轄権は当事国の意思を基礎としており、当事国の意思はあらゆる状況においても尊重されるべきである」というアンツィロッティ判事（Judge Antilotti）の意見が大勢を占めるに至った(15)。こうした流れの中、起草委員会（The Drafting Committee）は、同意判決を容認する規定から、和解あるいは取下げの合意を裁判所は記録しなければならないという規定へとその方向を修正していくことになったのである(16)。

以上のような経緯を経て採択された61条は、その後1936年の改正まで実質的に効力を持つことになる(17)。この規定により、和解は当事者が裁判所へ書面により通報することで、訴訟を終了せしめる効果を訴訟法上持つことになった。つまり、同規則における「和解」は、訴えの取下げとは概念上異なる訴訟終了方式として訴訟法上の意味を付与されていたといえるのである(18)。しかし、同規則において、手続の詳細（例えば、終了の決定方式、和解に関して通報すべき情報の範囲、通報主体の範囲等）については必ずしも明らかであったとは言えず、その多くは後の実行に委ねられることになる。

1936年規則[19]

22年規則の61条は、36年規則の改正作業において修正をうけることになる。同条に関する改正作業は、常設国際司法裁判所（PCIJ）の実行において、一方的取下げが見られることを考慮し、現実と規則の乖離を埋めることがその主な目的であったといえる[20]。そして、36年規則の改正作業当初は、「和解」(agreement, accord des parties sur la solution d'un litige)、取下げの合意（agreement to break off the proceedings, accord des parties pour mettre fin à la procédure)、一方的取下げ（unilateral withdrawal of action, désistement unilateral）はそれぞれ別個の規定（61条，61条 bis，61条 ter）として検討が進められたが[21]、最終的には、36年規則において「和解」は取下げの合意と共に68条に規定されることになる[22]。このことは、一方的取下げの明文化に伴って、合同行為と一方的行為という手続上の区分に規則の焦点が移行し、和解と取下げの合意という実体上の区分は後景に退いたことを示しているように思われる[23]。実行上も、訴訟法上の意味での「和解」に関係し得る事例は、この時点において、ホルジョウ工場事件とカルテロリゾ島とアナトリア海岸の間の領海の境界に関する事件の２件のみであり、しかも両事件では和解と取下げの合意が共に存在していた[24]。したがって、実体上の区分をあえて前面に出さないことは、実行を反映するものともいえる。

確かに、この変化は裁判所の実行を反映したものであるが、「和解」に関する手続に微妙な変更を加えたように思われる。22年規則61条において、「通報」は合同による（共同あるいは少なくとも別個に双方からなされる）必要があるのか、どちらか一方によるものだけで足りるのかは必ずしも明らかではなかったといえる。この点に関して、同条に言う「当事者（the parties)」が、「両当事者」に限らず「どちらか一方の当事者」を意味すると解されることから[25]、理論上は一方当事者による和解の通報をもって、訴訟が終了する可能性もあったと考えられる。しかし、36年規則68条に至りこの可能性は理論上なくなった。つまり、手続上、「和解」は「両当事者からの通報」を必要とすることが明らかになったのである。

このことは、裁判所がバルセロナ・トラクション電力会社事件（新提訴）において示した46年規則68条及び69条の趣旨説明からも首肯される。同事件において裁判所は、訴え取下げの規定は取下げ手続を整序することを主な目的としており、しかも取下げ手続の「なぜ（why）」ではなくて、もっぱら「どのような仕方で（how）」に関するものである[26]、とする理解を前提として以下のように述べた。

「68条は（実際上）合意されたものであるだけではなく、裁判所への合意による通報という形（the form of an agreed communication）をとる訴の取下げを予想しているのに対して、他方、69条は、和解から生じるものであると、なにか他の原因から生じるものであるとを問わず、常に原告または請求者からの一方的通報の形をとる裁判所への通報を予想して」おり、「訴えの取下げは68条に該当する場合には、どの点からみても（to all intents and purposes）『合同行為（joint act）』であり、69条に該当する場合には本質上『一方的行為（unilateral act）』である」[27]。

このように、36年規則において「和解」と取下げの合意は概念上の区別を維持しつつも、一方的取下げの導入により、手続上の同一性が強まったといえる。しかも、その結果、「和解」は、手続上、両当事者からの通報を要することが明らかになったのであった。

ところで、同規則の改正作業において、実行を踏まえてその他手続上の問題が幾分明らかになったといえる。その一つは、当事者は和解の事実のみを通報するのかあるいは和解条件も通報しなければならないかという問題に関してである。この点は、実行からも和解事実のみで訴訟の終了を認めてきたことが確認され、和解事実のみを通報の要件とすることで意見が一致した[28]。また、総件名簿からの削除が、実行上、「命令（order, ordonnance）」によってなされてきたことをうけて、同形式を明文で規定したのもこの規則においてである[29]。

1978年規則

78年規則に関する改正作業は、その第１の目的が争訟事件及び勧告的意見の両手続をより柔軟で迅速にすること、つまり手続を簡素化することにあった[30]。この影響を受けて、78年規則において、和解はその規則上の位置を変えたと考えられる。つまり、規則全体に手続志向が強まる中、訴訟法上の訴訟終了方式としての「和解」は取下げの合意に吸収され、和解は訴えの取下げの中に埋没したように思われるのである。

そのことはまず、款名の変更によって暗示されているといえよう。22年規則から36年規則までは「和解（agreement, accord)」という款名であった。それがその後、36年規則からは「和解と訴えの取下げ（settlement and discontinuance, Des arrangement amiables et des désistements)」[31]に変更され、78年規則に至っては「和解」の語が外され、単に「訴えの取下げ（discontinuance, désistement)」となったのである。この款名の変更についてロゼンヌは、「同款の条文内容と完全には一致していない」と、この修正に対し批判的であるように思われる[32]。他方、ヴェゲンは「訴訟手続終了の手続的性格の強調」としてこの変更を肯定的に評価している[33]。

そして、同規則において「和解」と取下げの合意という概念上の区別は廃止されたのであった[34]。78年規則88条１項は、取下げに関する合意のみを規定している。78年規則では、和解に関して「当事国が望めば命令中に和解事実および条件を記録することができる（may record, peut soit foire mention)」(88条２項）という規定を持つが、この規定自体も法的にいかなる意味を持つものなのかは明らかではない[35]。しかし、少なくとも明文上は、和解の通報のみによって訴訟が終了される可能性がなくなったと解される。こうして和解は、規則上、取下げの一誘因としてのみその位置を占めるに至ったのである。

2　訴えの取下げと和解の関係

以上、訴えの取下げと和解に関する規定を規則の変遷に即して概観してきたが、次にこれら両者の関係について理論的に検討しておきたい。それではまず、この関係を和解の側からながめてみることにしよう。ここでは、和解がなぜそれのみを持って訴訟を終了させる要因とみなされていたのかということを中心に、和解と訴えの取下げを手続上同一としたことの意味を検討することにしたい。

そもそも和解が訴訟の終了要因とみなされた１つの理由としては、和解によって紛争が実体的に消滅すると考えられるからだといえる。なるほど、紛争が消滅するならば、訴訟は法上当然に（*ipso jure*）終了されるであろう。なぜならば、「紛争の存在は、裁判所がその司法的任務を遂行するための第１次的条件である」からである(36)。このような発想は、1926年の改正会議におけるペソア判事（Judge Pessoa）の発言(37)及び1936年の改正会議におけるネグレスコ判事（Judge Negulesco）の発言に反映されている(38)。このことは一見したところ自明の理であるようにも思われるが、実際には裁判所に困難な問題を提起すると考えられる。

確かに、紛争の消滅と評価し得る和解も存在すると思われるが、裁判外の和解は必ずしも裁判の主題と直接には関係しないことがあり、またそれは暫定的な処理であることもある(39)。例えば、漁業管轄権事件において英国とアイスランドは、訴訟係属中に、２年の期限付きの「漁業紛争の中間協定」を結んだが、取下げの合意はなく、原告英国も訴訟を取下げようとしなかった。本件において裁判所は、同協定の性質（暫定協定）を考慮しつつ、手続を続行させ得ることについて何一つ疑問を抱かなかったのである(40)。つまり、和解と一口にいっても、その実体にはかなりの幅があるといえるのであり、和解が必ずしも係属中の紛争を消滅させるとは限らない。

また、和解に瑕疵（無効原因等）がある場合にも問題が生じるように思われる。この場合、裁判所は紛争が消滅したとして訴訟の終了を認め得るのであろうか。そして、訴訟終了後に当事者が同事由を援用したならば、紛争は消滅しなかったとして和解により終了した旧訴が復活するのであろうか。実行上このような事例は存在しないが、和解を独自の訴訟終了方式として認める限り、裁判所がこうした問題に直面するであろうことは明らかである。

よって、紛争の消滅を根拠として和解による訴訟の終了を認めることは、そのこと自体理論的に可能性を認めることはできるとしても、訴訟終了手続としては問題が多いといわざるをえない。規則上、当事者の訴訟行為が手続上適切になされた場合、訴訟終了は裁判所の法的義務である(41)。したがって、ここでの問題の核心は、裁判所が必然的に和解を評価しなければならなくなると同時に、その評価が訴訟終了と直結するという点にあるといえる。

ところで、実行からは、裁判所が和解それ自体というよりも、和解事実を両当事者が通報するという手続行為を重視して、訴訟の終了を判断しているようにも思える。事実、当事者が通報していない和解事実をもって、裁判所が職権により（*proprio motu*）訴訟を終了したという事例はない(42)。書面による通報を要求することは、裁判所は事実としての和解を当事者の通報なしには原則として了知し得ないからでもあり(43)、裁判所が和解の通報という行為自体に訴訟の終了という効果を与えていたということはできないであろう。ただし、裁判所は和解が訴訟法上の効果（訴訟の終了）を得るためには、両当事者が和解事実を書面によって通報することを一貫して要求してきたのであり、少なくともこのことが訴えの取下げと和解を手続上同一とする基礎になったとは考えられる(44)。

以上のことから、和解を訴えの取下げに内包することは訴訟手続としては合理的であるように思われる。訴えの取下げ自体は「手続的且つ中立的な行為」であり(45)、訴訟に当事者の意思を直接に反映させる制度である。しかも、裁判所は取下げの理由を問わない。したがって、和解と取下げを手続上同一とすることは、訴訟の終了を当事者の意思にかからしめることにより、裁判所を和解の評価という困難な作業から回避させると同時に、当事者に手続上の柔軟性を与えると評価できよう。

それでは次に、訴えの取下げと和解との関係を、訴え取下げの側からながめてみることにする。ここでは、取下げ手続の一目的として和解の促進が考えられていることに注目してみたい。

この点はバルセロナ・トラクション電力会社事件（新提訴）において指摘されている。裁判所はその第1の先決的抗弁の検討中で、「訴えの取下げの手続に関して注意されるもう一つの要素は、（46年規則）68条および69条の起草上の証拠により、その目的は明らかに必要な手続的権能であったものを規定しておくのに加えて、できる限り紛争の和解を促進し（to facilitate as much as possible the settlement of dispute）―または、とにかく請求者がなんらかの理由によって訴訟の継続を嫌がっている場合に訴訟を終了することにあったことが判明する。」と述べたのである(46)。それでは、いかなる意味で訴えの取下げが和解を促進する要素なのであろうか。以下、裁判所の指摘に従って起草過程を検討してみることにする(47)。

和解促進という観点が起草過程において見られるのは、取下げの許容期間の拡大に関する議論の際であると思われる(48)。この点に関して、規則草案においては「手続の終了前（before the close of the proceedings)」という表現が用いられていた。しかし、ファン・アイジンガ（W. J. van Eysinga）から「この用語は最後の瞬間（判決の言い渡し）まで、当事者が合意に達する可能性を本当に保障しているのか」という疑問がだされ、この質問に対して書記局からこの表現は口頭手続きの終了までの期間を指し、判決の言い渡しまでを含まない旨の返答があった。そして、この回答を受けた各判事から用語を「判決の言い渡される前（before the delivery of judgment)」に修正するよう提案がなされ、採決の結果、全会一致で修正がなされたのであった。ここで、注目すべきはロストボロフスキー（M. Rostworowski）の発言であろう。彼は同修正に賛成する際、「規則および規程の双方を支配する原則は、当事者の意思は可能な限り尊重されるべきであるということである。当事者の意思が合意を締結することであるならば、裁判所はその権能内においてこれ（和解）を可能ならしめるあらゆることをすべきである」と指摘したのである(49)。ハースト議長が指摘したように、口頭手続後に和解がなされ、取下げ手続がとられることは実際上ほとんど起こりえない事態であろう(50)。しかしながら、裁判所はそうした事態を想定してまで、当事者の意思を尊重しようとしたのである。つまり、訴えの取下げは和解を促進する当事者の意思に最大限応えるという限りで、和解促進的要素を認められると考えられる。

以上、本節の検討から、訴訟中に起った和解は訴えの取下げという手続を通して、訴訟の終了という効果を持つことがわかった。つまり、和解は規則上において、取下げ手続の一誘因としてその位置を占めているといえるのである。このことは、実行が規則に反映されることによって形成されてきたものでもあるが、理論上も、当事者の意思を媒介することで柔軟な手続の運用を可能にし、和解の促進も期待されるものであると評価できよう。したがって、裁判所は訴訟終了に関して判断する余地を手続上縮減していくことで、訴訟手続に対する当事者意思の尊重を強化してきたと結論付けられる。

第２節　訴えの取下げに関する国際司法裁判所の役割とその評価

前節の検討からもわかるように、規則上、訴えの取下げに対する裁判所の役割は、単にそれを記録し、事件を総件名簿から削除することである。そしてその際、「裁判所は、取下げる当事者または被告、そのいずれの理由をも調べるように要求されるものではな」く、当事者のとった手続形式のみを判断することになっている(51)。つまり、規則上、裁判所は取下げに関する自らの役割を事務的なものに限定しているのである。

しかし、78年規則が成立して以降、裁判外で和解が存在する場合に、裁判所がそれを考慮して取下げに関して裁量的な対応を行った事例がみられる。これらの事例において裁判所は、取下げに関して形式的判断のみを行う受動的な役割を果たすにとどまらず、より積極的な役割を果たしたように思われる。こうした裁判所の傾向は、いかに評価すべきであり、そこにはいかなる意味が含まれているのであろうか。ここでの問題は、裁判所のいかなる価値判断ないしは司法政策上の判断が裁量の行使に介在しているのかということにある。

それではまず、取下げに関する裁判所の裁量的対応を事例に即して具体的に検討する。そして、それら事例を裁判所による「当事者意思の尊重」という観点から整理・評価することによって、訴えの取下げに対する裁判所の立場を明らかにしたい。

また、考察を進めるにあたり、その対象を和解に関する条文（78年規則88条２項、72年規則73条、46年規則68条）が適用された事例に限定する必要はないと考える。なぜなら、前節の検討から和解は訴訟終了方式である訴え取下げの１誘因という位置を占めているといえるのであり、当事国は和解がある場合でも、手続上、一方的取下げを選択することがあるからである(52)。したがって、本節においては、合同行為による取下げと一方的行為による取下げとに拘らず、和解に起因する訴えの取下げと評価し得る事例は「和解による取下げ」として考察の対象にする。この観点からすれば、国際司法裁判所において現在（2007年３月31日）までに全部で21件の取下げがなされているが、その内で和解に起因すると評価できる事例は12件である(53)。ちなみに常設国際司法裁判所（PCIJ）において取下げがなされた事例は全部で11件であり、その内で和解に起因すると評価できる事例は４件である(54)。

1　和解の存在と国際司法裁判所の対応

それでは、裁判外で和解が存在する場合に裁判所が訴えの取下げに関してとった裁量的対応について、解釈上の裁量行使（規則88条の適用）と手続上の裁量行使（訴え取下げの促進）に大別して、考察を進めていくことにする。前者は「裁判」という制度に内在する固有の司法裁量であると考えられるが、後者は訴訟法に根拠を持つ裁量であり、規程及び規則の関連条文を検討する必要がある。

(1)　国際司法裁判所規則88条の適用

現在までに裁判所において78年規則88条が適用された事例は５件である(55)。この内、最初の適用事例である「テヘランにおけるアメリカ合衆国の外交職員及び領事職員に関する事件（以下、テヘラン事件）」はその適用に特異な点が指摘されている。本件における88条の適用に関して、ロゼンヌは「このことは、適切な場合、裁判所は終了の方法（how）より理由（why）を優先するかもしれないことを示している」(56)といい、ヴェゲンは、「88条を適用することによって、……少なくとも裁判所が取下げにおいて積極的な役割を果たしたという印象を与えた。」と述べている(57)。それでは、まず本件の事実経緯について簡単に触れ(58)、裁判所が解釈上の裁量権を行使した意味を検討しておきたい。

本件は1980年５月24日に本案に関する判決が下されたが、イランの国家責任に起因する賠償の形式及び総額は係属中であった。イランの裁判欠席に示されるように、当初、両当事国の交渉は行き詰まっていたが、アルジェリアの仲介（mediation）が奏功し、1981年１月14日に人質問題の処理と両国間の請求に関して合意が成立するに至る。この合意を受けて、米国代理人は同年４月６日の書簡において、イランの約定違反があるときには再提訴する権利を留保しつつ、88条１項に従う「取下げ」の意向を裁判所に通報した。これに対し、裁判所（裁判所長）が条件付の取下げは規則に定める取下げには当たらないとの態度をとったため、その後、米国は単純に取下げの通報を行ない、裁判所はこれら全ての情報（communications）をイランに送達した。しかし、イランからは何らの返答もなされなかったのであった。ここで裁判所が認識する訴訟上の事実は、両当事国が和解に達したという状況において事件の原告米国から取下げに関する通知が単独でなされたということ、及び、裁判所からその通知を送達された被告イランは何もしなかったということである。

しかし、裁判所は取下げに関する命令中において「1981年１月19日のアルジェリア政府の２つの宣言に対する両当事国の支持を考慮し、」「裁判所における手続が無条件の取下げによって終了されるという両当事国の共通の意図（common intention）に満足し、したがって事件が総件名簿から削除されるということに満足して、」と述べた後、取下げを記録する命令の主文（*dispositif*）において「当事国間の合意の結果として（following upon an agreement between the Parties)」という文言を挿入して、事件を総件名簿から削除したのであった(59)。

本件の手続には78年規則89条を適用した方が妥当であったとの指摘もある(60)。規則89条を適用する場合、被告が訴訟法上何らの措置（any step in the proceedings, acte de procédure）(61)もとっていない場合は即座に効果が認められ、何らかの措置をとっている場合には被告の黙認を必要としている。実際、イランは何らの措置もとっていなかったので(62)、規則89条が適用されていたならば、直ちに取下げは法的に有効であったと考えられる。他方、規則88条は合同行為による取下げであり、前節で検討したように、規則上は書面による明示の同意を要求している。しかし、手続上、イランによる同意は存在していない。実際に存在したのは、イランは取下げに関して何もしなかったという事実だけである。したがって、同事例における88条の適用に際して、「イランの沈黙（silence）は、裁判所によって『取下げの合意』の無条件の受諾と解釈された」といえるのである(63)。

裁判所のこのような取り扱いを正当化するのは、イランが米国と裁判外で和解をしているという事実が実際には存在していたということに尽きるであろう。つまり、裁判所はイランの沈黙と和解の事実を併せ読んだ結果として、88条の適用を容認したと考えられる。これは、裁判所が行為の形式ではなく、関連する行為の実体を見たと評価できよう。本件においては89条を適用することが容易であり、規則の文言上、88条は適用困難であったにもかかわらず、裁判所はあえて88条を適用したのであり、このことは裁判所が裁判外の和解に対して決して無関心ではなかったことを示していると思われる。

⑵　訴え取下げの促進

訴訟の終了という効果をもたらす取下げ手続は、当事者からの取下げの通報という訴訟行為を必要とする。他方、裁判所は和解についての情報を得ることがある。こうした状況において、実行上、裁判所が当事者に対して訴えの取下げを勧めた事例が存在する。つまり、裁判外の和解は存在するが、訴え取下げに関しての通報がなされていない場合において、裁判所が訴え取下げを促進した事例を次に検討していくことにする。規則上、訴えの取下げに関してこうした権限が明文で認められているわけではない。しかし、裁判所は手続に関する裁量を行使してこうした行為を行なっていると考えられる。それでは以下、訴え取下げの促進について間接的促進と直接的促進に大別して、裁判所の実行を分析していくことにする。

⒜　間接的促進：訴訟手続期限の延長及び延期

ここで間接的促進とは、裁判所（裁判所長）が職権によって訴訟手続を停止させ、当事者に時間的猶予を与えることで、取下げの通報を誘発しようという試みである。このために裁判所は訴訟手続の期限に関する自らの裁量を行使するのである。

一般に訴訟手続の期限は裁判所が決定する。この権限は規程及び規則によって裁判所に与えられていると解され(64)、一度決定された期限を延長することについても決定事項として、裁判所の権限に属している(65)。訴訟手続は書面と口頭の２部分からなる（規程43条１項）ので、まず各手続の期限の決定に関する裁判所の権限及び裁量について規則の規定を確認し、裁判所が理論的に行使可能な裁量権について検討することにしたい。そして、この理論枠組みに裁判所の実行を位置付け、それらの評価を下すことにする。

それでは、書面手続の期限に関する規則の規定を確認することから始めよう。裁判所は、手続問題に関する裁判所長と当事者との協議（31条）の後、そこで得た情報に照らして訴答書面の提出期限を決定するための命令を発する（44条1項）。その際「不当な遅延を生じさせない（does not cause unjustified delay, n'entraînerait pas un retard injustifié）当事国間のいかなる合意（any agreement, tout accord）も考慮に入れなければならない（shall be taken into account, est tenu compte de）」（44条2項）。この規定（44条2項）は、訴訟内合意であれ、訴訟外合意であれ、当事者合意について、それがより広く、訴訟の世界に一定の何らかの効果をもたらすことをねらっているものと思われる。そして、期限の延長に関しては「当事者の要請がある場合、その要請が十分に根拠を持つことが確認されたとき（if it is satisfied that there is adequate justification for the request, si elle estime la demande suffisamment justifiée）には期限を延長することができる（may extend, peut proroger）」とされている（44条3項）。また、裁判所が開廷中でないときは、これらの権限は「裁判所の事後の決定を害しないことを条件として、裁判所長が行使する」（44条4項）。

以上より、書面手続において、期限の延長に関しては、裁判所の裁量が明文で認められていることが分かる。しかし、この裁量行使には①当事者の要請がある場合であり且つ②その要請が十分に根拠を持つことを確認する、という要件が課されている(66)。現行規則において、和解の存在が「十分に根拠を持つ」事由といえるかどうかはこのような実行が存在しないため必ずしも明らかではないが(67)、これは肯定的に解す事ができると考える。なぜなら、実行上、裁判所は裁判外の和解に向けた合意（交渉に関する合意）をもって、当事者に期限の延長を認めているからである(68)。

しかし、書面手続期限の延長に関して、当事者の要請がある場合に裁判所が訴えの取下げを促進したといえるかどうかは慎重な検討を要する(69)。ここでの問題は、裁判所が和解を評価し、裁判所自らが訴訟を不要と考えたかどうかにある。したがって、職権による場合を検討しておくことも意義あるように思われる。

それでは、職権による期限の延期・延長の理論的可能性を検討してみたい。まず、職権によって期限の決定を延期することに関しては、理論上、以下の２つの場合が考えられる。１つには、31条の手続問題に関する会合（meeting）を利用することによって、事実上、期限を決定する命令を延期する場合である。つまり、期限決定に先立つ手続問題に関する会合を再度招集することによって、期限決定を先送りするのである。こうした実行は、当事者の要請に基づくものではあるが、ギニアビサウとセネガルの海洋境界画定事件（以下、ギニアビサウ対セネガル事件）においてみられる(70)。規則上も裁判所長は「必要なときはいつでも」同会合を招集することができるため（規則31条後段）、裁判所（裁判所長）が同手続の利用により取下げを間接的に促進することは可能であろう。

２つめは、法律上、期限を決定する命令を延期する場合である。これは解釈上、44条２項にいう「不当な遅延を生じさせない当事国のいかなる合意」に当該和解を含むかどうかにかかっていると考えられる。実行上、こうした事例は存在しないため、同条にいう「合意」の範囲は必ずしも明らかではないが、裁判所が当該和解をいかに評価するかがここでは問題となろう。

また、職権による期限の延長に関しては、前述したように、期限の延長が「当事者の要請がある場合」に明文上限定されている点に問題がある。この点に関してギヨマールは、72年規則における修正が訴訟遅延の防止をその目的としていることを指摘した上で、期限延長には「関係当事者による明白な要請の提出」を必要とし、「40条４項（現44条３項）は、裁判所が自らのイニシアティヴで期限を延長することを禁止しているであろう」と述べている(71)。しかし、同要件を設置した趣旨が訴訟遅延の防止にあるならば、職権によって期限を延長することも理論的に可能であると考える。なぜなら、裁判所が当該和解を「不当な遅延を生じさせない」と判断するならば、「当事者の要請」を厳格な要件とすることにはあまり意義を見いだせないように思われるからである。したがって、理論上は、職権による期限延長を認める余地もあると考えられる。

次に、口頭手続に関しても上記と同様の検討を行なうことにする。口頭手続の開始日は、書面手続終結後に裁判所が決定する（shall be fixed, est fixée par la Cour）（54条1項前段）。口頭手続に関して、裁判所に当事国との協議義務はないとされているが[72]、実際には両当事国の意見を聴取した後に裁判所により期日が決定されている[73]。また、延期に関しては、「必要な場合には（if occasion should arise, lorsqu'il y a lieu）、口頭手続の開始又は続行を延期することを決定することができる（may also decide, peut aussi prononcer）」とされており（54条1項後段）、ここでも裁判所の裁量が広く認められている。また、裁判所が開廷中でないときは、これらの権限は「裁判所長が行使する」（54条3項）。口頭手続に関して検討すべきは「開始日の延期」のみであり、この点について裁判所は明文で裁量を認められている。この場合の要件は、「必要な場合」の1点のみであり、解釈上の問題は、和解の存在により延期をすることを裁判所が「必要」と考えるかどうかにある[74]。

このような事例として、ニカラグア対ホンジュラスの国境及び越境武力行動事件（以下、ニカラグア対ホンジュラス事件）の管轄権及び受理可能性の審理段階における裁判所の対応が挙げられる[75]。本件は、反政府組織コントラに対する支援等のホンジュラスの行動がニカラグアに対する武力行使や主権侵害など国際法違反の行為を構成するとして、1986年7月28日にニカラグアが提訴した事件である。裁判所は、1986年8月29日の書簡によってホンジュラスから管轄権及び受理可能性に関する抗弁が出されたことをうけて、1986年10月22日の命令によって、まず管轄権及び受理可能性に関する書面の提出期限を決定した（ホンジュラスの申述書は1987年2月23日、ニカラグアの答弁書は1987年6月22日）。その後、両当事国の訴答書面は期限内に提出されたのであるが、裁判所は管轄権及び受理可能性に関する口頭手続を職権により一時的に延期したのである。この延期は、1987年8月7日に中米五ヵ国大統領（コスタリカ、エルサルバドル、グァテマラ、ホンジュラス、ニカラグア）により「中米の確固とした永続的な平和の確立のための手順」（いわゆる「エスキプラスⅡ」協定）が締結された結果として、裁判所が承認したとされている。確かに、同様の主題についてニカラグアがコスタリカに対して起こした別訴は、同協定締結を理由として同年8月19日にニカラグアから取下げられており[76]、本件も取下げられる可能性があると裁判所が判断したであろうことは容易に推測できよう。実際には、1988年6月6日に両当事国から管轄権及び受理可能性の審理段階での口頭手続の開始を決定するよう裁判所に対し要請がなされ、本件はこの段階で取下げがなされたわけではなかったが(77)、同事例は、職権による期限の延期によって裁判所が取下げを間接的に促進した事例として評価できるように思われる。

(b)　直接的促進：国際司法裁判所規程48条に基づく訴訟指揮

直接的促進とは、裁判所（裁判所長）が、訴えの取下げに当事者の注意を喚起し、当事者による取下げの通報を誘発しようとする試みである。訴えの取下げに関してこうした裁判所（裁判所長）の行為を直接に認める規定はないが、裁判所の訴訟指揮の一形態として容認し得ると考える。一般に、訴訟指揮とは、訴訟が適法かつ能率的に行なわれるように監視し、適切な処置をとるために、裁判所（または裁判所長）の行う行為をいい、この訴訟指揮を行い得る裁判所（または裁判所長）の権限を訴訟指揮権という(78)。また、訴訟指揮権は、裁判所のイニシアティヴによって訴訟手続が進められることを意味する職権進行主義の一発現であると考えられている(79)。既述の通り、裁判所における訴訟の進行は、裁判所の決定（「命令」）によって進められるという意味において職権進行主義がとられており、明文上、規程48条に事件の進行について措置をとる権限を認めた一般規定が存在する(80)。

しかし、ここでの問題は、訴え取下げの直接的促進に関する裁判所の行為が規程48条によって授権された権限の範囲内にあるかどうかにある。この点に関し、ヴェゲンは「規程48条は取下げに関する一般的政策をとることを裁判所に授権していないが、事件の進行について**命令を発すること**は授権している」と言い、限定的に解しているように思われる(81)。確かに、規程48条は明文上「命令を発する」ことにしか触れておらず、本章にいう直接的促進が具体的には裁判所（裁判所長）による書簡（letter, communication）という形式をとるため、規程48条の範囲外であるようにも見える。しかし、規程48条をこのように限定的に解する必要はないと考える。そもそも訴訟指揮は、訴訟の円滑な進行ならびに紛争の適正・迅速な解決にその目的があり、判決以外の訴訟行為の総称ともいえる臨機応変的な活動である。訴訟指揮が多くの場合「命令」の形式をとることは事実であるが、それのみに限定することは制度の趣旨に合致しないように思われる。また、本章にいう直接的促進は法的効力を持たないと解され、事実行為に類するものと考えられるので、法的に不都合が生じるという問題もないと考えられる。以上より、裁判所による訴え取下げの直接的促進も、規程48条によって裁判所に授権された権限の範囲内として認めることができると考える。また、直接的促進は、訴えの取下げそのものに対する裁判所の言及であり、間接的促進に比して、裁判所の和解に対する評価がより端的にあらわれているといえる。

それでは、以下、具体的な事例を検討していこう。この実行が初めて見られるのはテヘラン事件においてである(82)。アルジェ合意締結後、カーター米大統領は国連事務総長に対して①イランにおいて拘留されている米国市民の釈放に関して合意に達したこと及び②米国は、人質の釈放をもって、イランが人質事件に対するICJの本案判決だけではなく、安保理決議457および461（共に1979年採択）を完全に履行したものと考える旨の電信を送った。そして、国連事務総長はこの声明を裁判所所長に送付し、それを受けた裁判所所長は、裁判所書記に米国代理人（Agent）へ以下の内容の書簡を送達するよう指示したのであった。それは、カーター米大統領の発言に注目する共に、「この事件は裁判所の総件名簿に残っている。取下げに関する裁判所規則の規定にあえて注意を引きたい。」というものである(83)。この後に、米国から88条に従った取下げの通知が書簡によって裁判所に示された(84)。

また、裁判所による同様の対応は、ギニアビサウ対セネガル事件においても見られる。本件は、1989年7月31日の仲裁裁判及び同仲裁判決に関するICJでの訴訟に連なる流れの中に位置付けられ、ギニアビサウとセネガルに属する「全海域を画定する境界線」の決定をその訴訟主題としていた(85)。しかし、実際には係属後も訴訟手続は一切進められず、当事国間での交渉が進められていたのであった(86)。そして、1994年3月10日の手続問題に関する会合において裁判所長は、両当事国から、「両国の海域における共同管理及び共同開発に関する協定」（ダカール協定：1993年10月14日締結）を手渡されるにいたる。これを受けて裁判所長は3月16日の両当事国への書簡において、同協定に満足の意を表明し、「当事国が取下げの決定を裁判所に通報したら直ぐに事件は総件名簿から削除されるであろう」と通知したのである(87)。その後、ギニアビサウ代理人は、係争地域に関して両当事国が合意に達したことを理由として、89条に従った取下げを裁判所に通報したのであった(88)。

以上の事例において、裁判所は取下げ手続に言及することによって、当事者の取下げへの意思を誘発したといえるであろう。

2　訴え取下げに対する国際司法裁判所の立場
──「当事者意思の尊重」を中心に──

以下、裁判所の実行を裁判所による「当事者意思の尊重」という観点から整理し、訴えの取下げに関する裁判所の役割を評価してみることにしたい。このことによって、訴えの取下げに対する裁判所の立場を明らかにすることが本款の目的である。それではまず、前款**1**でみた各事例を整理しておくことにしよう。

まず、テヘラン事件であるが、本件は請求と一致しない和解を裁判所が評価（賠償の形式及び総額⇔人質釈放）したものと考えられる(89)。しかし、原告米国が当該和解をもって「本案判決が履行された」との意思を有していたことから、裁判所は取下げを直接的に促進したものと推測できよう。また、規則88条の適用に関しては、米国の要請を受けたものといえるが、裁判所は和解を重視することで同条適用の要件を緩和したといえる。

次にニカラグア対ホンジュラス事件であるが、本件も請求と一致しない和解を裁判所が評価（武力行使禁止原則等の違反⇔友好関係条約）したものといえる。この場合、その不一致が一見したところ大きかったために、裁判所は取下げを間接的に促進するにとどまったものと推測できよう。また、裁判所が取下げを促進した段階では当事者からの取下げの通報はなされず、訴訟は継続することになったが、これは裁判所が訴え取下げの手続を重視していることの証左であると考えられる。

最後に、ギニアビサウ対セネガル事件であるが、厳密にいえば本件も請求と一致しない和解を裁判所が評価（境界画定⇔共同管理・共同開発）したものといえる。なぜなら、一般に、合意された明確な境界線の存在は、共同開発を単純化するものではあるがその前提条件ではなく、法的にそれらは別個の問題であるからである[90]。また、共同管理・共同開発に関する協定は、境界画定との関係では、国連海洋法条約74条３項（排他的経済水域）及び83条３項（大陸棚）にいう「暫定的取極（provisional arrangements, des arrangements provisoires)」であると考えられる[91]。つまり、本件の和解（ダカール協定）は、法的に境界画定の問題を解決したものではなく、紛争に事実上の鎮静化をもたらしたものといえよう[92]。このように境界画定と共同開発・共同管理は必ずしも法的に関連しているものではないが、実行上において、境界画定を棚上げして共同開発・共同管理を行う事例は多い[93]。たしかに、天然資源の開発・配分をめぐって複数の国が共通の利害を有しており、しかもそれが紛争主題である場合、境界画定とは代替的に共同開発や共同管理を選択することは当事者にとって実利的であろう。かつて裁判所も、北海大陸棚事件の判決理由中において、大陸棚が重なり合う区域では「共同開発(joint exploitation)」が「鉱床の一体性（unity of any deposits）を維持することが問題となるときは、特に適当である」ことを示唆したことがある[94]。つまり、境界画定と共同開発・共同管理の事実上の関連性および資源紛争における共同開発・共同管理の有用性が、裁判所（裁判所長）をして、取下げの直接的促進を行わせたと推測できるのである。また、本件においても、取下げの手続は厳格に運用された。つまり、裁判所は取下げを書面によって通報するよう当事者に要求したのであった[95]。

以上の実行から、訴えの取下げに関して、以下のような裁判所の傾向をみてとることができるであろう。まず、手続的側面に関して、裁判所は「取下げの通報」という要件を原則として重視しているといえる。裁判所は、裁判外で和解が存在することをもって職権で訴訟を終了したことはなく、また、和解の通報行為自体に訴訟終了の効果を認めてもいない。つまり、裁判所は当事者に対して取下げの意思表示を行うよう厳格に要求しているのである。このことは規則改正において裁判所が一貫してとってきたアプローチと軌を一にするものであり、裁判所が訴訟終了に対する当事者意思の確認を慎重に行っているものと評価できよう。

他方、実体的側面に関して、裁判所は和解を積極的に評価する傾向にあるといえる。そして、その評価に基づいて、裁判所は適用条文の要件を緩和し、訴えの取下げを直接的あるいは間接的に促進しているのである。しかし、取下げに対して裁判所がこのような役割を果たすことは、一見したところ規則に矛盾するようにも思える。

それでは、和解の評価に関する裁判所の実行はいかに評価されるべきなのだろうか。まず、テヘラン事件での規則88条適用における要件の緩和に関しては、手続に関する当事者意思尊重のバランスを和解によって崩したと評価されるかもしれない(96)。しかし、裁判所が取下げの理由（和解）を判断したことをとらえて、裁判所の実行は訴え取下げに関する手続からの逸脱であると難じることにはあまり意義があるようには思われない(97)。確かに、規則の改正過程においては、訴えの取下げに対して手続の形式を重視するアプローチがとられ、裁判所による和解の評価を極力排除していく方向にあったとはいえる。しかし、それは和解の通報による訴訟終了が裁判所にとって法的義務であったことから生じうる困難を避けるためであり、裁判所による和解の評価それ自体を否定する趣旨ではないように思われる。また、規則88条適用の必然的結果として、訴訟終了以外の訴訟法上の効果（既判力、再提訴禁止等）が生じるわけでも、実体法上の効果（請求の放棄等）が認められるわけでもない(98)。結局、同事例において裁判所は、手続に関して被告イランの積極的な異議がなかったことを奇貨として、裁判外の現実（紛争処理の実体）に訴訟記録を一致させようとしたにすぎないといえるであろう。

また、訴え取下げの促進に関しては、裁判所は請求と必ずしも一致しない和解あるいは暫定的和解であっても、訴訟を終了することが適当な場合があると考えているように思われる。これらの和解は裁判適合性（justiciability, justiciabilité）に関する原則的考慮によれば、裁判所が訴訟手続を続行することになんら障害とはならないはずである(99)。しかし、裁判所は当該紛争に関して当事者が一定の「満足」を得たであろうことをもって、訴訟が不要であると判断しているように思われる。つまり、訴え取下げの促進は、訴訟終了に関して裁判所が具体的な紛争事実関係の「解決」を念頭に置いた対応を行っていることの現れと評価できるであろう。この点は、理論的にも当該事例の性質からその妥当性を首肯できると考える。ここでいう紛争解決とは「紛争当事者が相対立する自己の見解を提示することを互いにやめる」状態になることであり、当事者が互いに満足を与えられることが必要になるが、裁判は原則として法に従って当事者の請求を認容するか棄却するかしかない。つまり、司法的処理と紛争解決は必ずしも同じではないのである[100]。したがって、裁判が紛争解決に占める比重は、訴訟主題（請求）のフォーミュレーションの仕方[101]、言い換えれば紛争の「脱政治化」の度合いに依存しているといえる[102]。この観点からみるならば、「和解による取下げ」の事例はすべて一方的提訴であり、紛争処理の手続に関する合意が形式的には存在しているが、紛争の「脱政治化」に関しては不完全である場合が多かったと考えられよう。つまり、これらの事例は、訴訟主題である請求に国際法を適用することにより、紛争を解決することがそもそも困難な事例であったといえるのであり、紛争解決を訴訟の目的とするならば、当事者の満足をもって訴訟を終了させるべきとする裁判所の立場は妥当であると思われるのである。したがって、和解の評価を伴う裁判所の対応は、紛争処理の実体に関する当事者の意思を訴訟の次元にまで正確に反映させようという試みと評価することができよう。

以上のことから、裁判所は、訴えの取下げに関して紛争処理の手続・実体両面にわたり当事者の意思を尊重する傾向にあると考えられる。つまり、取下げ手続の形式を重視した厳格な意思確認を行うことで、紛争処理の手続に関する当事者意思を尊重すると共に、和解を「紛争の消滅」ではなく「当事者の満足」という観点から評価し訴訟に反映させることで、紛争処理の実体に関する当事者意思を尊重しようとしているのである。そして、取下げに対する裁判所のこうした立場は、手続的側面（同意原則）と実体的側面（紛争解決）のバランスを図りつつ、訴訟の効率性及び実効性を高めるものとして評価できるであろう。

【本章のまとめ】

本章は、裁判所が紛争当事者の合意ひいては意思を訴訟過程においてどう位置付けているのかについて訴訟終了の局面から考察を進めてきた。

まず、規則の変遷を検討することにより、訴訟終了方式が訴えの取下げに一元化される中、和解は訴え取下げの１誘因としてのみその位置を認められていったことを明らかにした。また、規則上、取下げに関する裁判所の役割は、訴え取下げの手続形式を審査することのみであることもその際に明らかとなったように思われる。

しかし、実行上、裁判所は訴えの取下げに関して必ずしも受動的な役割のみを果たしている訳ではなく、和解が存在する場合には一定程度において訴えの取下げに関して積極的な役割を果しているのであった。そして、こうした実行は、裁判所が訴外における紛争処理の実体に関する当事者意思を尊重していることの帰結であり、両当事者の満足を紛争解決の最も基本的な要素と考えることによって正当化されると考えられる。

以上より、国際司法裁判所においては当事者意思の尊重が徹頭徹尾貫徹されていると同時に、裁判所自身にも紛争当事国間の外交の帰結を受け入れる傾向がみられるといえる。つまり、裁判所は、訴外での紛争事実関係の解決を肯定的に評価しており、これを考慮して手続に一定程度の柔軟性を導入することで、和解に訴訟の終了という決定的な効果を認めようとしていると結論付けられる。

【注】

（1）外交的手続とは交渉（negotiation）、周旋（good offices）、仲介（mediation）、審査（inquiry）、調停（conciliation）である。また、交渉以外は第三者が介入しているが、これら手続における第三者の活動は、紛争当事者の一方の譲歩または双方の互譲による妥協を導くことを目的としているという意味で、本質的には交渉の延長とみなされる。他方、裁判手続には仲裁裁判（arbitration）と司法的解決（judicial settlement）が挙げられ、第三者の行為それ自身の法的効果として紛争を処理すると考えられている。ここでは決定とりわけ「判決（judgment, arrêt）」の拘束性に高い価値が置かれているといえる。また、判決の拘束力は裁判所の管轄権に対する紛争当事国の同意をその根拠としているため、国家の同意を基礎としていることが国際裁判の本質的な制約として認識されてきたのである。

（2）「合意」は、紛争処理過程において様々な対象に向けられる多義的な用語である。したがって、本章では「合意」を主として２つに大別して考察を進めることにする。まず一つめは、紛争処理の実体（紛争処理過程が生み出す紛争解決案）に関する合意である。この意味での「合意」は「決定」と対置されるものであり、裁判においては不要であるといえよう。本章で「『合意』

による処理」という場合の「合意」は、この意味を指すものとして用いることにする。そしてもう１つは、紛争処理の手続（処理手続の選択）に関する合意である。この意味での「合意」は、全紛争処理手続に必須なものであるが、国際司法裁判所においては「同意」の一致による形式的なものにすぎない場合もある（一方的提訴の場合）。

（3） *See* A.L.W. Munkman, *Adjudication and Adjustment – International decision and the settlement of territorial and boundary disputes*, 46 BYIL (1972-73), pp. 2-3.

（4） 本章において「和解」は、「当事者の『合意』による紛争の処理」のことを指す用語として用いる。そして、それは法的に「条約」（「協定"agreement"」と呼ばれることが多い）という形式をとる。また、国内法上一般に、和解は「互譲」を要件としているが、国際司法裁判所においては、国内法のような訴訟上の和解、請求の認諾・放棄といった区別は存在しない。そのため、「互譲」を厳格に要件化する意義に乏しいと思われるので、本書ではこれを要件と解さないことにする。

（5） B. A. Ajibola, *Dispute Resolution by the International Court of Justice*, 11 LJIL (1998), p. 125.

（6） 「訴訟の終了」は、「総件名簿からの削除」によってなされる。そして、「判決以外の総件名簿からの削除方式」を、一般に「訴えの取下げ」と呼ぶ。*See* S. Rosenne, The Law and Practice of the International Court 1920-1996 (3rd Ed., 1997), p. 1467.

（7） 裁判所規則は常設国際司法裁判所（PCIJ）時代から現在に至るまで計8回（1922、26、27、31、36、46、72、78年）改正されている。しかし、本章で取り扱うのはその内、和解と取下げに関する規定が議論された1922、36、78年の改正に関するものである。

（8） Rules of Court, adopted on April 14 1978, ICJ, Acts and Documents concerning the Organization of the Court, No. 4, p. 92.

88条：１項／本案に関する最終判決が言い渡される前に、当事者が訴の取下げに合意した旨を書面により、共同または単独で（either jointly or separately）、裁判所に通報した場合には、裁判所は、訴の取下げを記録し、かつ、事件を総件名簿から削除することを指示する命令を発する（shall make an order）。

２項／当事者が紛争の和解に達したことにより（in consequence of having reached a settlement of the dispute）訴えの取下げに合意し、かつ、当事者が希望するならば、裁判所は、総件名簿から当該事件を削除する命令にこの事実を記録し、その命令または付属書類に和解条件（the terms of the settlement）を記載する（may record）。

３項／裁判所が開廷中でないときは、この条の規定による命令は、裁判所長が発する（may be made）。（訳：田畑・高林他編『ベーシック条約集』（東信堂，1997）を参照。）

（９）　日本法においては、「訴訟上の和解」という制度があり、「和解…を調書に記載したときは、その記載は、確定判決と同一の効力を有する。」（民事訴訟法267条）

(10)　同規則の作成過程については、A. Hammarskjold, *The Early Work of the Permanent Court of International Justice*, 36 Harv. L. Rev.（1922-1923), pp. 707-717 を参照。

(11)　PCIJ Ser. D, No. 2, p. 265, Draft Prepared by the（temporary）Secretariat, Art. 44.

44条：　手続中に、当事者が紛争の主題事項（the subject matter of the dispute）に関して合意に達し、口頭手続終了の前に、その合意を裁判所に書面で通報する場合には、裁判所はこの合意を公式の判決に組み入れる（shall embody this agreement in the formal judgment）。（２項以下略）（訳：筆者）

また、「同意判決」とは当事者の合意内容を裁判所が裁可して出される判決のことである（*See* 田中英夫編『英米法辞典』（東京大学出版会，1991）480頁）。ちなみに同意判決の問題はその後の改正作業においても度々激しく議論がなされ、規則上も学説上もその是非について未だ結論は出ていない。否定派は問題点として主に①国際裁判所の判決には執行力がない（not execute）ことおよび②多辺条約の解釈に関する事件への妥当性を挙げている。他方、肯定派は裁判所規程38条２項の「衡平および善」に基づく裁判への合意があれば可能としており、当事者の要請があれば同意判決の妨げになるものは何もないとしている。結局、この問題は実質上裁判所の実行に委ねられているといえよう。*See* PCIJ Ser. D, No. 2, pp. 154 and 217; PCIJ Ser. D, No. 2, 1st Add., p. 168; PCIJ Ser. D, No. 2, 3rd Add., pp. 314 and 317; S. Rosenne, *supra* note 6., p. 1471; I. Scobbie, *Discontinuance in the International Court:The Enigma of the Nuclear Test Cases*, 41 ICLQ（1992), pp. 819-820.

(12)　Memorandum by Judge Altamira, PCIJ Ser. D, No. 2, p. 279.

(13)　Rules of Court, Concluded by the Committee on Procedure, Art. 44, *id.*, p. 304.

(14)　Questionnaire III:4, *id.*, p. 291.

(15)　当初、フィンレイ（Load Finlay）は、当事者が取下げを希望する場合でも、判決を下すことが望ましいとして、取下げに裁判所の同意を要求していた。しかしその後、その提案を撤回して、合意による取下げを当事者の権利とすべきことに同意した。*See id.*, pp. 83-84.

(16)　1922年３月６日及び13日の起草委員会草案（first reading-64条 , *id.*, p. 469

及び second reading-63条 , *id.*, p. 495）を参照。*Cf.* 1922年2月25日の（暫定）事務局改訂草案　44条（See *id.*, p. 410.）

また、実行上、「和解」あるいは「取下げの合意」の記録に伴う訴訟の終了は、「命令（Order）」という決定形式で指示されていくことになる。そして、36年規則において、この形式は明文で規定されるに至る。*See* PCIJ Ser. D, No. 2, 3rd Add., p. 316.

(17)　Rules of Court, adopted on March 24 1922, PCIJ Ser. D, No. 1, p. 66.

61条：手続終了の前に、当事者が紛争の処理に関して合意し、その合意を裁判所に書面で通報する場合、裁判所は和解の成立を公式に記録する（shall officially record）。万一、当事者が手続を続行しない旨を相互の合意により（by mutual agreement）裁判所へ通報するならば、裁判所はその事実を公式に記録し、手続を終了させる（shall be terminated）。（訳：筆者）

(18)　Rapport de la Troisiéme commission（Distribue le 14 mars 1934), PCIJ Ser. D, No. 2, 3rd add., p. 780.

(19)　36年規則は、若干の修正（46年改正時に閉廷時における裁判所長の権限を追加）や条文番号の変更（72年改正時に68条・69条がそれぞれ73条・74条に変更）をうけつつも、78年の改正まで内容的にはほぼそのまま引き継がれる。

(20)　PCIJ Ser. D, No. 2, 3rd add., pp. 780 and 829-830.

(21)　Report of the Coordination Commission, May 14, 1934, *id.*, p. 877.

(22)　Rules of Court adopted on March 11 1936, PCIJ Ser. D, No. 1, p. 31.

68条：当事者が、判決が言い渡される前いずれかの時に、紛争の処理に関して合意し、その旨を裁判所に書面で通報する場合または（or)、手続を続行しない旨を相互の合意により裁判所に書面で通報する場合には、裁判所は和解の成立または訴の取下げを公式に記録する命令を発する（shall make an order)。いずれの場合にも、この命令は当該事件を総件名簿から削除することを指示する（shall direct)。（訳：皆川洸『国際訴訟序説』（鹿島研究所出版会、1963年）を参照。）

(23)　1935年3月31日に出された裁判所草案において、61条と61条 bis は、72条（同年4月10日の改訂規則案では68条に条文番号変更）として合併された。しかし、起草過程ではこの変更に関して何らの言及もされていない。*See* PCIJ Ser. D, No. 2, 3rd add., pp. 937, 962 and 446.

(24)　ホルジョウ工場事件では、ドイツが提出した交換公文（échange de notes, exchange of notes）中に、「取下げ」に関して合意されていた。PCIJ Ser. A, No. 19（Ordonnance du 25 mai 1929). また、カルテロリゾ島とアナトリア海岸の間の領海の境界に関する事件では、和解の通報とは別に、双方の当事者から「取下げ」る旨の通報がなされた。PCIJ Ser. A/B, No. 51（Ordonnance du 26 javier 1933).

(25)　PCIJ Ser. D, No. 2, 3rd add., p. 318, *esp*. note 2.（書記の発言を参照。）

(26)　Barcelona Traction, Light and Power Company, Limited, Preliminary Objections, Judgment, ICJ Reports 1964, p. 19.

(27)　*Id*., p. 20.

(28)　PCIJ Ser. D, No. 2, 3rd add., pp. 315-317. 特に、フロマジョー判事（Judge Fromageot）の発言を参照。

(29)　*Id*.

(30)　S. Rosenne, Procedure in the International Court: A Commentary on the 1978 Rules of the International Court of Justice（1983), p. 1.

(31)　36年規則の改正会議の際、“agreement, accord” は、同意判決を連想させるとして修正が行なわれた。また、「取下げ」の語もこの時に「一方的取下げ」を創設するに際して追加された。*See* PCIJ Ser. D, No. 2, 3rd add., pp. 780, 877, 314 and 652. また、バルセロナ・トラクション電力会社事件（新提訴）におけるコレツキー判事の宣言およびアルマンド・ウゴン特任判事の反対意見は、款名の「和解」について肯定的に言及している。*See* Barcelona Traction, Light and Power Company, Limited, Preliminary Objections, Judgment, ICJ Reports 1964, pp. 48-49（Judge Koretsky, Declarration）; *id*., p. 117（Judge Armand-Ugon, Dissenting Opinion）.

(32)　S. Rosenne, *supra* note 6, p. 1464.

(33)　G. Wegen, *Discontinuance of International Proceedings:The Hostage Case*, 76 AJIL（1982), p. 723.

(34)　G. Wegen, *id*., p. 724.

(35)　この問題に関し、通説は、取下げ命令は裁判所規程59条及び60条並びに国連憲章94条の範囲に入らず、既判力（*res judicata*）を持たないと解しており、取下げ命令中の和解の記載に法的効果を認めない。*See* S. Rosenne, *supra* note 6, p. 1471; G. Wegen, *Discontinuance and Withdrawal, in* A. Zimmermann *et al.*（eds), The Statute of the International Court of Justice: a commentary（2006), p. 1271. ちなみに、取下げ命令に本案判決に準ずる既判力（「準既判力［*Quasi-res judicata*］」）を認め、和解の記載に何らかの法的効果を付与する説もあるが、同説に対しては①和解条件等（取下げ理由）の記載を当事国が要請するのは主に政治的考慮からであり、必ずしも法的効果が目指されている訳ではなく、②こうした記載に法的効果を認めることは条文の趣旨（取下げの手続的・形式的性格）と両立しない、との批判がある。*See* G. Wegen, *id*., p. 1272.

(36)　Nuclear Tests（Australia *v*. France), Judgment of 20 December 1974, ICJ Reports 1974, pp. 270-271, para. 55.

(37)　ペソア判事は「当事国が和解に達したら、訴訟手続の存在理由がなくなる」ので、1922年規則の61条1項は削除されるべきだと提案した。*See* PCIJ Ser. D, No. 2, add., p. 271.

(38)　ネグレスコ判事は、「当事者が合意に達したら直ちに紛争が消滅する。それ故、裁判所は審理を進めることはできない」と発言した。*See* PCIJ Ser. D, No. 2, 3rd add., p. 654.

(39)　杉原高嶺『国際司法裁判制度』(有斐閣，1997) 198-199頁。

(40)　Fisheries Jurisdiction (United Kingdom *v.* Iceland), Merits, Judgment, ICJ Reports 1974, pp. 17-20, paras. 35-41. また、暫定的和解であるが取下げられた事例としては、パキスタン人捕虜裁判事件を参照。*See* Trial of Pakistani Prisners of War, Order of 15 December 1973, ICJ Reports 1973, pp. 347-348; H.S. Levie, *Note and Comments: The Indo-Pakistani Agreement of August 28, 1973*, 68 AJIL (1974), pp. 95-97.

(41)　*Voir* G. Guillaume, *La désistement devant la Cour internationale de Justice, in* La Cour internationale de Justice à l'abuse du XXIème siècle: Le regard d'un juge (2003), p. 153.

(42)　一般的にみれば、裁判所の職権による訴訟の終了(総件名簿からの削除)は、応訴管轄 (*forum prorogatum*) を利用しようした、いわゆる「政治的提訴」に対して8件存在すると指摘されている。*See* S. Rosenne, The Law and Practice of the International Court (1965), p. 540. (現在、この問題は78年規則38条5項によって解消している。*See* S. Rosenne, *supra* note 6 , p. 1466.) しかし、「訴えの取下げ」において管轄権は有効に成立している必要があると考えるが、これらの事例はそもそも管轄権が不成立であるので、本章の対象からは除外してもよいと思われる。*See* PCIJ Ser. D, No. 2, 3rd add., pp. 318-319, *esp.* note 2. (ハースト議長 (Sir Cecil Hurst) の発言を参照。) また、和解以外の外因的な行為および事実による紛争の消滅についての裁判所の認定権については、核実験事件におけるムートネスの法理を参照 (古川照美「国際司法裁判所における司法判断回避の法理」国際法外交雑誌87巻2号 (1988) 18-21頁)。

(43)　後述するように、例外として国連事務総長からの情報提供及び当事者の一方を別とする同一主題に関する別訴における情報提出等が考えられる。

(44)　裁判所自身も、訴えの取下げと和解につき、非常に柔軟な運用を容認していた。起草過程において、ハースト議長は、「当事国が和解の公開を望まないならば、取下げの手続を進めることができる」と指摘している。*See* PCIJ Ser. D, No. 2, 3rd add., p. 316.

(45)　Barcelona Traction, Light and Power Company, Limited, Preliminary Objections, Judgment, ICJ Reports 1964, p. 21.

(46)　*Id*., p. 20.

(47)　1946年規則の起草記録は公表されていない。ここでの裁判所による指摘も1936年規則の起草過程であると推測されるので、ここでは36年規則を検討する。*See* S. Rosenne, *supra* note 6, p. 1475, *esp*. note 23.

(48)　PCIJ, Ser. D, No. 2, 3rd add., pp. 653-654.

(49)　*Id*., p. 654.

(50)　*Id*.

(51)　Barcelona Traction, Light and Power Company, Limited, Preliminary Objections, Judgment, ICJ Reports 1964, p. 20.

(52)　ロゼンヌは、「事件が訴訟を欲しない被告国（unwilling respondent）に対して一方的付託により開始され、のちに和解によって処理された場合、しばしば89条が使用される」ことに注意を向け、「方法（how)」が政治的重要性を持つことがあると指摘している。*See* S. Rosenne, *supra* note 6, p. 1466.

(53)　国際司法裁判所における「和解による取下げ」の事例

①　合同行為による取下げであり、かつ裁判外の和解が存在

ベイルート港湾埠頭および倉庫会社並びにラジオ・オリアン会社事件（フランス対レバノン）

Ordonnance du 31 août 1960, CIJ Recueil 1960, p. 186.

テヘランにおけるアメリカ合衆国の外交職員及び領事職員に関する事件（米国対イラン）

Order of 12 May 1981, ICJ Reports 1981, p. 45.

ナウル燐鉱事件　（ナウル対オーストラリア）

Order of 13 September 1993, ICJ Reports 1993, p. 322.

1988年7月3日の航空機事件　（イラン対アメリカ）

Order of 22 February 1996, ICJ Reports 1996, p. 9.

ロッカビー航空機事件をめぐる1971年モントリオール条約の解釈適用事件　（英国対リビア）

Order of 10 September 2003, ICJ Reports 2003, p. 149.

ロッカビー航空機事件をめぐる1971年モントリオール条約の解釈適用事件　（米国対リビア）

Order of 10 September 2003, ICJ Reports 2003, p. 152.

②　一方行為による取下げであり、かつ裁判外の和解が存在

ベイルート電気会社事件　（フランス対レバノン）

Ordonnance du 29 juillet 1954, CIJ Recueil 1954, p. 107.

パキスタン人捕虜裁判事件　（パキスタン対インド）

Order of 15 December 1973, ICJ Reports 1973, p. 347.

国境および越境武力行動事件　（ニカラグア対コスタリカ）

Order of 19 August 1987, ICJ Reports 1987, p. 182.
国境および越境武力行動事件　（ニカラグア対ホンジュラス）
Order of 27 May 1992, ICJ Reports 1992, p. 222.
大ベルト海峡通航権事件　（フィンランド対デンマーク）
Order of 10 September 1992, ICJ Reports 1992, p. 348.
ギニアビサウとセネガルの海洋境界画定事件　（ギニアビサウ対セネガル）
Ordonnance du 8 novembre 1995, CIJ Recueil 1995, p. 423.

（54）　常設国際司法裁判所における「和解による取下げ」の事例
①　訴訟法上の意味での「和解」—61条１項
ホルジョウ工場事件　（ドイツ対ポーランド）
Ordonnance du 25 mai 1929, CPJI Sér. A, No. 19.
②「取下げの合意」であるが、裁判外の和解が存在－61条２項
カルテロリゾ島とアナトリア海岸の間の領海の境界に関する事件　（イタリア対トルコ）
Ordonnance du 26 javier 1933, CPJI Sér. A/B, No. 51.
③「一方的取下げ」であるが、裁判外の和解が存在
中国・ベルギー間の条約の廃棄事件　（ベルギー対中国）
Ordonnance du 25 mai 1929, CPJI Sér. A, No. 18.
④「取下げの合意」且つ和解事実の記載—68条
ロサンジェ会社事件（スイス対ユーゴスラビア）
Ordonnance du 14 décembre 1936, CPJI Sér. A/B, No. 69.

（55）　前掲注(53)①を参照。

（56）　S. Rosenne, *supra* note 6, p. 1469.

（57）　G. Wegen, *supra* note 33, p. 734.

（58）　United States Diplomatic and Consular Staff in Tehran, Order of 12 May 1981, ICJ Reports 1981, pp. 45-47.

（59）　*Id.*, p. 47.

（60）　*See* G. Wegen, *supra* note 34, p. 733. *See also* Rules of Court, adopted on April 14 1978, ICJ, Acts and Documents concerning the Organization of the Court, No. 4, p. 92.

89条：１項／請求によって開始された手続中に原告が手続を続行しないことを裁判所に書面で通知し、かつ書記局がこの通知を受領した日に被告がまだその手続において何らの措置もとっていなかった場合には、裁判所は、訴の取下げを公式に記録し、かつ事件を総件名簿から削除することを指示する命令を発する（shall make an order)。裁判所書記は、この命令の謄本を被告に送付する。

２項／訴の取下げの通知を受領したときに被告が既に手続において何らか

の措置をとっていた場合には、裁判所は、被告が訴の取下げに異議があるかないかを述べるべき期限を定める（shall fix a time-limit)。この期限の終了前に訴の取下げに関して異議の申立てがないときは、黙認されたものとみなし(acquiescence will be presumed)、裁判所は訴の取下げを公式に記録し、かつ、事件を総件名簿から削除することを指示する命令を発する（shall make an order)。異議の申立てがあったときは、手続を続行する（shall continue)。

3項／裁判所が開廷中でないときは、この条の規程に基づく裁判所の権限は、裁判所長が行使する（may be exercised)。

（訳：田畑・高林他編『ベーシック条約集』(東信堂, 1997）を参照。)

(61)　規則にいう措置は「代理人の任命」を基準としていると解される。*See* PCIJ Ser. D, No. 2, 3rd add., p. 655; Protection de ressortissants et protégés francais en Egypte, ordonnance du 29 mars 1950, CIJ Recueil 1950, pp. 59-60. ちなみに、杉原高嶺は事件の審理に実質的な関連性を持つ行為（例えば仮保全措置を争うとか、本案判決の訴答書面を提出する等の措置）を基準とするのが適当であるとしている。杉原・前掲注(39)200頁。

(62)　イランは裁判所に対し「不正規に」通知をしたのみであった。しかも、裁判所は「不正規な通知」を手続上の措置とすることを明確に拒否している。*See* Trial of Pakistani Prisoners of War, Order of 15 December 1973, ICJ Reports 1973, p. 348.

(63)　S. Rosenne, *supra* note 6 , p. 1469.

(64)　規程48条並びに規則44条1項及び54条1項前段を参照。

(65)　規則44条3項、54条1項後段及び2項を参照。

(66)　期限の延長に関して、こうした要件が課されたのは1972年規則（40条4項）からである。それ以前の規則（1922年規則33条、1936／46年規則37条4項）は、「裁判所は、決定された期限を延長できる」とだけ規定していた。*See* S. Rosenne, Documents on the International Court of Justice（1979), p. 141.

(67)　期限延長に関して「十分に根拠を持つ」という要件が明文化されていなかった時期ではあるが、裁判所が和解を評価した事例として、PCIJ におけるカルテロリゾ島とアナトリア海岸の間の領海の境界に関する事件がある。本件においては、イタリアとトルコの間で係属紛争事項に関して裁判外で和解が達せられ、1932年1月4日に両国は成立した和解を条約（intergovernmental instrument）として署名した。しかし、同合意が法としての効力を持つためには、両国議会によってそれぞれ批准されることが必要とされていたので、両国は裁判所に対して本条約が発効するまで訴訟手続を停止するために期限を延長する要請をしたのであった。裁判所はこの要請を受けて、1933年1月26日の命令によって本件が「合意により取下げ」られるまで、計2回の延長を認めた。*See* PCIJ Ser. C, No. 61（Order of 8 March 1932; Order of 23 June 1932）, pp. 34-37.

(68)　*See* Border and Transboder Armed Actions（Nicaragua *v.* Hunduras）, Order of 14 December 1989, ICJ Reports 1989, pp. 174-175; ICJ Year Book, No. 45,（1990-1991）, pp. 144-146.

(69)　グロスは、当事者の要請があれば、裁判所は無条件に書面手続期限の延長及び延期を認めてきたと指摘している。*See* L. Gross, *The Time Element in the Contentious Proceedings in the International Court of Justice, in* Essay on International Law and Organization（1984）, p. 172.

(70)　*See* ICJ Year book, No. 47,（1992-1993）, p. 172.

(71)　*Voir* G. Guyomar, Commentaire du règlement de la Cour internationale de Justice:interprétation et pratique,（1973）, pp. 208-209. *See also* PCIJ Ser. D, No. 2, 1922, pp. 83-84.

(72)　S. Rosenne, *supra* note 30, p. 122.

(73)　杉原・前掲注(39)204頁。この点に関して、ロゼンヌは「現在では31条が適用されている」と指摘している。*See* S. Rosenne, *supra* note 6, p. 1329.

(74)　ちなみに、裁判所が裁判外の和解に向けた合意（交渉に関する合意）の存在をもって口頭手続開始日を延期した事例として、1988年7月3日の航空機事件（イラン対米国）がある。本件は、イラン航空機の爆破事件に関して、「民間航空条約（1944年作成）」及び「民間航空の安全に対する不法な行為の防止に関する条約（1971年作成）」の米国による違反をイランが申し立てたものである。(*See* Aerial Incident of 3 July 1988（Islamic Republic of Iran *v.* United States of America）, Order of 13 December 1989, ICJ Reports 1989, p. 132.）本件の訴訟手続は、管轄権に関する先決的抗弁の書面手1992年9月9日までに終了しており、同段階の口頭手続の開始日は1994年9月12日と決定されていた。しかし、1994年8月8日の書簡において、両当事国の代理人が、「両当事国は、同事件の完全かつ最終的な解決に到達するかもしれない交渉に入った」旨を裁判所に共同で通知すると同時に、「口頭手続の開始を無期限に（"*sine die*"）延期すること」を要請したのであった。裁判所は、同要請に同意し、口頭手続は無期限に延期されたのである。(*See* Aerial Incident of 3 July 1988（Islamic Republic of Iran *v.* United States of America）, Order of 22 February 1996, ICJ Reports 1996, p. 11.）その後、1996年2月22日に両当事国から、「協定を締結し、紛争の完全かつ最終的な解決に到達したため、訴えの取下げに合意した」との通報が共同でなされ、88条に従って訴訟は終了したのであった。(*See id.*)

(75)　*Voir* Actions armèes frontaliéres et transfrontaliéres（Nicaragua *c.* Honduras）, compétence et receivabilitè, arrêt, CIJ Recueil 1988, p. 72; ICJ Year book,

No. 42,（1987-1988), pp. 134-135.

(76)　*See* Border and Transborder Armed Actions（Nicaragua *v.* Costa Rica), Order of 19 August 1987, ICJ Reports 1987, p. 182.

(77)　本件は、管轄権判決を経た後、本案の書面手続の段階において、善隣関係を強化する協定を結んだことを理由として、ニカラグアから89条に従った取下げがなされた。*See* Border and Transborder Armed Actions（Nicaragua *v.* Honduras), Order of 27 May 1992, ICJ Reports 1992, pp. 222-223.

(78)　中野貞一郎他編『新民事訴訟法講義（第2版)』(有斐閣，2004）211頁。伊藤眞『民事訴訟法（第3版補訂版)』(有斐閣，2005）197-198頁。

(79)　杉村敏正・天野和夫編代『新法学辞典』(日本評論社，1991年）572頁（「職権進行主義」を参照)。

(80)　ロゼンヌは、規程48条を「'catch-all' provision」と呼んでいる。*See* S. Rosenne, *supra* note 6, p. 602.

(81)　G. Wegen, *supra* note 33, p. 732（強調引用者).

(82)　本件の概要は、本章第2節 **1** (1)を参照。

(83)　ICJ Pleadings（United States Diplomatic and Consular Staff in Tehran), a letter dated 23 Feb. 1981 sent by the Registrar to the US Agent, pp. 522-523.

(84)　United States Diplomatic and Consular Staff in Tehran, Order of 12 May 1981, ICJ Reports 1981, pp. 45-46.

(85)　*Voir* Délimitation maritime entre la Guinée-Bissau et le Sénégal, ordonnance du 8 novembre 1995, CIJ Recueil 1995, p. 424. また、1989年7月31日の仲裁裁判については、94 RGDIP（1990), p. 204（仏文）及び83 ILR（1990), p. 1（英文）を、そして1989年7月31日の仲裁裁判判決に関する事件について、仮保全措置はICJ Reports. 1990, p. 64、本案判決はICJ Reports. 1991, p. 53をそれぞれ参照。

(86)　ICJ Year Book, No. 47,（1992-1993), p. 172.

(87)　Délimitation maritime entre la Guinée-Bissau et le Sénégal, ordonnance du 8 novembre 1995, CIJ Recueil 1995, p. 425.

(88)　*Id.*

(89)　実際の和解内容（アルジェ合意：1981年1月19日）では、係属中の訴訟主題であった賠償に関して原告米国が当該請求権を放棄していたが、裁判所はこのことを訴え取下げの促進を行った時点（1981年2月23日）においては了知していなかったと思われる。*See* ICJ Pleadings（United States Diplomatic and Consular Staff in Tehran), Telex dated 20 January 1981 sent by the Secretary-General of the United Nations to the President of the Court, p. 522; United States Diplomatic and Consular Staff in Tehran, Order of 12 May 1981, ICJ Reports 1981, pp. 45-46. 合意文書に関しては、20 ILM（1981), p. 223.

(90)　三好正弘「大陸棚の炭化水素資源の共同開発-東西センターの研究集会の論議を中心として-」山本草二・杉原高嶺編『海洋法の歴史と展望』(有斐閣, 1986) 188頁。
(91)　三好・前掲注(90)208-209頁。
(92)　両当事者は、ダカール協定6条及び9条において、海洋の境界が未画定であることを明確にしている。同協定文については、Law of the Sea Bulletin, No. 31, (1996), pp. 40-41 を参照。
(93)　境界画定を棚上げしての共同開発の例として、日韓大陸棚南部共同開発協定（1974年1月30日）やタイとマレーシアの間のタイ湾南部共同開発区域設定に関する了解覚書（1979年2月21日）等が挙げられる。(三好・前掲注(90)183頁による)
(94)　North Sea Continental Shelf, Judgment, ICJ Reports 1969, p. 52, para. 99.
(95)　1995年11月1日の会合において、両当事者が口頭で取下げの申請をしたが、その申請に対して裁判所長は「両当事国が最も適当と思う方法で、書面により通報（下線引用者)」するよう要請した。*Voir* Délimitation maritime entre la Guinée-Bissau et le Sénégal, ordonnance du 8 novembre 1995, CIJ Recueil 1995, p. 425.
(96)　G. Wegen, *supra* note 33, p. 734.
(97)　*Cf.* G. Wegen, *id.*, pp. 725 and 734.
(98)　取下げの実質的効果は、個別の事情を考察することで独立に立証されなければならない。*See* Barcelona Traction, Light and Power Company, Limited, Preliminary Objections, Judgment, ICJ Reports 1964, pp. 18 and 21. なお、サールウェイは、考慮される「事情」に裁判所による和解の記載（規則88条2項）が含まれるかもしれないと指摘する。*See* H. Thirlway, *The Law and Procedure of the International Court of Justice 1960-1989, part thirteen*, 74 BYIL (2003), p. 111.
(99)　前掲注(40)およびその本文を参照。
(100)　山形英郎「国際紛争解決システムにおける司法的解決の意義」世界法年報13号（1993）30-32頁。
(101)　杉原高嶺「国際司法裁判の地位と機能」広部和也・田中忠編代『国際法と国内法―国際公益の展開』(勁草書房, 1991) 510頁。
(102)　ここでいう「脱政治化」は、「当事者の合意により、紛争の中から法律的要素を抽出すること」に重点を置いた概念として用いている。本書序参照。*See also* S. Rosenne, The International Court of Justice:An Essay in Political and Legal Theory (1957), pp. 56-57.

結　び

以上、本書では、紛争事実関係と請求との関係を中心に、裁判所における訴訟過程を分析してきたが、そこから、以下のような結論を引き出すことができよう。

まず、裁判所は、現実の紛争事実関係を考慮しつつ、その包括的解決を訴訟において実現しようとしており、それは、請求の形成過程に対して訴訟手続上で影響を与えることによってなされているといえる。これを当事者の主張過程の規律という観点からみると、裁判所は原告による請求の特定・確定を早期に達成させようという傾向をみせつつも、訴えの変更を紛争主題の枠内で容認しているのであり（第1章）、反訴の取り扱いにおいても、請求の直接的関連性の認定を「事実上の関連性」により評価することを通じて、紛争事実関係を考慮した対応をしているのであった（第2章）。また、判決形成においても、裁判所は請求解釈権を根拠に、自らの紛争決定を基礎として、職権的に請求事項の減縮ないし拡張を行っていることを確認できた（第3章）。以上の諸実行は、裁判所が請求に対する法適用を紛争事実関係の適正な解決に繋げうるように、訴訟手続を、とりわけそこにおける裁量を利用していると評せよう。

さらに、紛争事実関係の「解決」が訴訟に与える影響を検討した第4章の考察からは、裁判所が訴訟を終了させうる要因として裁判外の和解を肯定的に評価していることがわかった。このことは、裁判所が自らの機能を現実の紛争「解決」においていることを裏側から例証しているようにも思われる。ただし、こうした裁判所による和解の評価、すなわち紛争処理の実体に関する当事者意思を尊重する傾向は、当該紛争の解決とは異なる観点から批判されるかもしれない。つまり、裁判と国際法秩序との関係から裁判所の実行が問題とされる可能性はあるように思われる(1)。和解は、権利・義務関係を明確にしないことによって紛争「解決」を図るものであり、それは例えば金銭支払が恩恵的（*ex gratia*）なものとしてなされていることからもうかがえる[(2)]。このように権利・義務関係を明確にしないことは和解の長所である反面、和解が法の実現を必ずしも意味しているのではないことを示しているともいえる。しかも、和解が紛争当事国間の相対的な「力」の差を反映しやすいことも否定できない。したがって、裁判所が和解を肯定的に評価し訴訟の終了を導くことは、法的安定性および予測可能性を低めてしまう結果とならないかについて議論の余地があるように思われる。

この問題につき、ここでは以下の２点を確認しておきたい。まず第１に、裁判所には法の宣明と具体化つまり法発展機能が期待されているといえる[(3)]。この点に関連して、近年の実行において、訴訟における請求が被告に否認されたことをもって、“紛争”の認定をなす傾向が裁判所にみられること、つまり請求が「紛争」に影響を与える事例が現れていることは注目されよう。確かに、この立論には、理論上、請求の存在それ自体では紛争主題を構成しないこと[(4)]、および（実体法上の）請求が積極的に否認されるという意味における客観的紛争を認定する決定的期日は請求訴状提出日であること[(5)]、に問題が指摘されうる。しかし、同立論により、「紛争」に対する裁判所の法的判断（判決）が下される機会が拡大することは明らかである。こうした事例として、ロゼンヌは、東チモール事件とジェノサイド条約適用事件（先決的抗弁）第５抗弁を挙げており[(6)]、カメルーン対ナイジェリア（先決的抗弁）における第７抗弁（紛争の不存在ないし不確定）に関する裁判所の認定も同一線上に位置付けられように思われる[(7)]。さらに、逮捕状事件においても、裁判所は、コンゴの請求を逮捕状の取消しを求め続けていると認定し、ベルギーがコンゴの申立てを争っていることを理由に、逮捕状対象者の地位変更によりムート化しない“紛争”を構成したのであった[(8)]。こうした実行は、裁判所が自らの法発展機能に必ずしも無関心ではないことを示しているとも評せよう[(9)]。しかし、司法的処理が武力による紛争処理に代えるべく採用された制度であることを想起するならば、裁判所の役割は個別紛争の処理を抜きには考えられないように思われる。したがって、裁判による法の宣明・具体化を通じた秩序の維持は、裁判にこそ期待される大きな役割ではあるが、それはあくまで個別紛争の処理を行う過程で実現される成果であると考えるべきであろう[10]。

そして第2に、実行をみる限り、裁判所は必ずしも和解を「力による処理」の延長として捉えているわけではなく、紛争解決という観点から、和解を判決と共通の基盤を持つものとして位置付けているようにみえる。この点は、「国際紛争の司法的解決（le règlement judiciaire, the judicial settlement）は、当事者が相互の紛争を直接的かつ友好的に解決することの代わり（un succédané, an alternative）をなすものにすぎない。したがって、裁判所規程に両立する限り、そのような直接的かつ友好的解決を促進することは裁判所のなすべきことである。」という判示からも首肯されるように思われる[11]。

以上の点を考え併せるならば、裁判所は国際法を宣明する形で同種の紛争であれば全てに適用できそうな決定を行うよりも、当事者の意思を尊重しつつ、当事者間での個別具体的な紛争、ひいては現実の紛争事実関係の「解決」を念頭に置いた対応をする傾向にあるといえよう。そして、裁判所は、管轄権の同意原則、当事者平等原則、*non ultra petita* 規則等、「法廷」として持つ限界の枠内でこうした対応をとっているのである。確かに、国際司法裁判所における訴訟過程は、紛争過程全体から見れば、その中間に位置する一コマ、一部であるにすぎない[12]。しかし、本書の分析から、裁判所は、訴訟手続を柔軟に運用することで、現実の国際紛争「解決」を実現しようとする「司法政策（judicial policy, la politique judiciaire）」を採っていると結論付けられるのであり、このことは国際紛争平和的処理システムにおける「司法的解決」の射程を押し広げる発展として評価できるように思われる。

【注】

（1） ビルダー（R.B. Bilder）は、フランク（T.M. Franck）の説として裁判の法秩序維持機能を指摘している。*See* R.B. Bilder, *International Dispute Settlement and the Role of International Adjudication, in* L.F. Damroasch（ed.), The International Court of Justice at a Crossroad（1987), p. 158. また、R.J. Dupuy, *Formalisme juridique et la Cour internationale de Justice, in* J. Makarczyk（ed.), Theory of International Law at the threshold of the 21th Century: essays in Honor of Krysztof Skubiszewski（1996), pp. 393-394 も参照。

（2） このことは90年代の和解の事例においても明らかである。

ナウル燐鉱事件　（ナウル 対 オーストラリア）

See 32 ILM（1993）, pp. 146-147.

1988年7月3日の航空機事件　（イラン 対 米国）

See 35 ILM（1996）, p. 554.

ちなみに大ベルト事件の金銭支払いの性格については当事国間で見解に違いがある。

大ベルト海峡通航権事件　（フィンランド 対 デンマーク）

See 32 ILM（1993）, pp. 101-103.

（3）　杉原高嶺「国際司法裁判の地位と機能」広部和也・田中忠編代『国際法と国内法―国際公益の展開』（勁草書房，1991）525-526頁。

（4）　O. Aslaoui, Les conclusions et leurs modifications en procédure judiciaire internationale（1963）, p. 124.

（5）　Ch. de Visscher, Aspects récentes du droit procédural de la Cour internationale de Justice（1966）, p. 39 ; S. Rosenne, The Law and Practice of the International Court 1920-1996（3rd Ed., 1997）, pp. 521-522.

（6）　East Timor（Porutugal *v.* Australia）, Judgment, ICJ Reports 1995, pp. 99-100, paras. 21-22; Application de la convention por la prévention et la répression du crime de génocide, exceptions préliminaires, arrêt, CIJ Recueil 1996, pp. 614-615, para. 28. *See also* S. Rosenne, *supra* note 5, p. 522, *esp*. note 15. ロゼンヌは、前者の事件については、実際の外交交渉の歴史は、提訴前に紛争が存在していたことを示していたことにより、後者の事件については、①ジェノサイド条約の性質および②付託条項（同条約第9条）の文言により、規則からの逸脱が説明されるという。

（7）　Frontière terrestre et maritime entre le Cameroun et le Nigéria, exceptions préliminaires, arrêt, CIJ Recueil 1998, p. 322, para. 110. 同認定に対して、ヒギンズ判事は痛烈な批判を展開している。*See id.*, pp. 345-349（Judge Higgins, Separate Opinion）. *See also* J. Merrills, *The Land and Maritime Boundary Case*（Cameroon *v.* Nigeria）, *Preliminary Objections*, 48 ICLQ（1999）, p. 656.

（8）　Mandat d'arrêt du 11 avril 2000（République démocratique du Congo *c.* Belgique）, arrêt du 14 février 2002, CIJ Recueil 2002, pp. 14-15, para. 32.

（9）　*See* P. Sands, *What is the ICJ for?*, 35 Revue belge de droit internationale（2002）, pp. 539-540. サンズは、逮捕状事件において同事件を歴史的紛争として処理しなかった点から、裁判所が「法発展機能」を前提としたアプローチを採ったと評価する。

（10）　杉原・前掲注（3）511頁。*See also* R. Jennings, *The Role of the International Court of Justice*, 68 BYIL（1997）, p. 41. なお、油井やぐら事件（本案）において裁判所は、米国の仮定抗弁（1955年友好条約20条1項(d)による正当

化）の審査をその前提をなすべき同条約10条１項の判断に先行させる理由として、①原紛争が武力行使の合法性にかかわること（個別紛争処理の側面）及び②自衛権の問題が国際社会にとって重要性を持つこと（法宣明による秩序維持の側面）を挙げている。*See* Oil Platforms（Islamic Republic of Iran *v.* United States of America), Merits, Judgment of 6 November 2003, ICJ Reports 2003, pp. 180-181, paras 37-38. しかし、本件においては、法宣明による秩序維持により重点が置かれたように思われる。

（11） *Voir* Affaire des zones franches de la Haute-Savoie et du Pays de Gex, ordonnance du 19 august 1929, CPJI Sér. A, No. 22, p. 13; Différend frontalièr, arrêt, CIJ Recueil 1986, p. 577, para. 46; Passage through the Great Belt（Finland *v.* Denmark), Provisional Measures, Order of 29 July 1991, ICJ Reports 1991, p. 20, para. 35.

（12） 古川照美「司法判断回避の法理」国際法外交雑誌87巻２号（1988）156頁。

参考文献

(1) 国際紛争処理全般

［書籍］

Merrills, J.G., International Dispute Settlement（Cambridge U.P., 2nd Ed., 1993; 3rd Ed., 1998; 4th Ed., 2005）.

Collier, J., Lowe, V., The Settlement of Disputes in International Law: Institutions and Procedures（Oxford U.P., 1999）.

O'Connell, M.E.（ed.）, International Dispute Settlement: The library of essay in International Law（Ashgate/Dartmouth, 2003）.

祖川武夫『国際法Ⅳ』（法政大学通信教育部，1950）

田岡良一『国際法Ⅲ〔新版〕』（有斐閣，1973）

［論文］

祖川武夫「国際調停の性格について㈠㈡」京城帝国大学法学会論集15冊１号、３・４号（1934年）。（小田滋・石本泰雄編代『国際法と戦争違法化—その論理構造と歴史性—（祖川武夫論文集）』（信山社，2004）に収録）

田岡良一「国際調停の意義」国際法外交雑誌38巻２号（1939）

中村洸「国際紛争における非司法的解決手続の意義—国際審査と調停について—」ジュリスト782号（1983）

芹田健太郎「国際紛争処理論覚書」神戸法学雑誌36巻３号（1985）

廣瀬和子「紛争解決システムにおける法的解決の位置と機能」国際問題339号（1988）

宮野洋一「国際法学の思考様式としての『法の調停モデル』—紛争解決と国際法・国際法学の結節点〈覚え書〉—」法学新報95巻１・２号（1988）

古川照美「第３部 国際紛争処理法の展開—理論と実際—」村瀬信也他著『現代国際法の指標』（有斐閣，1994）

坂元茂樹「国際司法裁判所における『交渉命令判決』の再評価㈠㈡」国際法外交雑誌96巻３号（1997）、98巻６号（2000）

奥脇直也「国際調停制度の現代的展開」立教法学50号（1998）

宮野洋一「国際紛争処理制度の多様化と紛争処理概念の変容」国際法外交雑誌97巻２号（1998）

廣瀬和子「冷戦後世界における紛争の多様化と秩序形成のメカニズム」国際法学会編『日本と国際法の100年 第９巻 紛争の解決』（三省堂，2001）

(2) 国際裁判

［書籍］

Fachiri, A.P., The Permanent Court of International Justice: Its Constitution, Procedure and Work, 2nd Ed. (Oxford U.P., 1932).

Lauterpacht, H., The Function of Law in the International Community (Clarendon Press, 1933).

Hudson, M.O., The Permanent Court of International Justice 1920-1942: A Treatise (Macmillan, 1934).

Witenberg, J.C., L'organisation judiciare, La procédure et la sentence internationales (Pedone, 1937).

Rosenne, S. The International Court of Justice: An Essay in Political and Legal Theory (A.W. Sijthoff, 1957).

Lauterpacht, H., The Development of International Law by International Court (Stevens, 1958).

Shihata, I., The power of the International Court to determine its own jurisdiction (M. Nijhoff, 1964).

Dubisson, M., La Cour internationale de justice (Librairie général de droit et de jurisprudence, 1964).

Rosenne, S., The Law and Practice of International Court, 2 vols. (M. Nijhoff, 1965).

de Visscher, Ch., Aspects récents du droit procédural de la cour internationale de justice (Pedone, 1966).

Guyomar, G., Commentaire du règlement de la Cour international de justice (Pedone, 1973).

Rosenne, S., Procedure in the International Court: A Commentary on the 1978 Rules of the International Court of Justice (M. Nijhoff, 1983).

Guyomar, G., Commentaire du règlement de la Cour international de justice adopté le 14 avril 1978: interprétation et pratique (Pedone, 1983).

Gross, L., Essays on International Law and Organization, Vol. 2 (Transnational Pub., 1984).

Fitzmaurice, G., The Law and Procedure of International Court of Justice (Grotius Pub., 1986).

Schwarzenberger, G., International Judicial law: International law as applied by international courts and tribunals, Vol. IV (Stevens, 1986).

Société francaise pour le droit international, La juridiction internationale perma-

nente, colloque de lyon (Pedone, 1987).
Singh, N., The Role and Record of the International Court of Justice (M. Nijhoff, 1989).
Lauterpacht, E., Aspects of the Administration of International Justice (Grotius Pub., 1991).
Rosenne, S., The World Court, 5th Ed. (M. Nijhoff, 1995).
Lowe, V., Fitzmaurice, M. (eds.), Fifty years of the Inernational Court of Justice: essays in honour of Sir Robert Jennings (Cambridge U.P., 1996).
ICJ, the international court of justice, 4th Ed. (ICJ, 1996).
Rosenne, S., The Law and Practice of International Court 1920-1996, 3rd Ed. (M. Nijhoff, 1997).
Muller, A.S. *et al.* (eds.), The International Court of Justice: Its Future Role After Fifty Years (M. Nijhoff, 1997).
Bowett, D.W. *et al.*, The International Court of Justice: Process, Practice and Procedure (B.I.I.C.L., 1997).
Peck, C., Lee, R.S. (eds.), Increasing the Effectiveness of the International Court of Justice (M. Nijhoff, 1997).
Sorel, J.M., Poirat, F., Les procédure incidentes devant la Cour internationale de Justice: excecice or abus de droits?, (Pedone, 2001).
Amerasinghe, C.F., Jurisdiction of International Tribunals (Kluwer Law International, 2003).
Amr, M.S.M., The Role of the International Court of Justice as the Principal Judicial Organ of the United Nations (Kluwer Law International, 2003).
Fabri H.R., Sorel J.M. (eds.), Le principe du contradictoire devant les juridictions internationals (Pedone, 2004).
Apotolidis Ch. (ed.), Les arrêt de la Cour internationale de Justice (EUD, 2005).
Zimmermann *et al* (eds.)., The Statute of the International Court of Justice: a commentary (Oxford U.P., 2006).
皆川洸『国際訴訟序説』(鹿島研究所出版会，1963)
杉原高嶺『国際裁判の研究』(有斐閣，1985)
杉原高嶺『国際司法裁判制度』(有斐閣，1997)

［論文］

Briggs, H.W., *The Incidental Jurisdiction of the International Court of Justice as Compulsory Jurisdiction, in* Heidte, F.A.Frhr.v.d. (Hg.), Völerrecht und rechtliches Weltbild: Festschrift für Alfred Verdross (Springer-Verlag, 1960).

Higgins, R., *Policy consideration and the International judicial process*, 17 ICLQ (1968).

Munkman, A. L. W., *Adjudication and Adjustment—International decision and the settlement of territorial and boundary disputes*, 46 BYIL (1972-73).

de Arechaga, E. J., *The Amendments to the Rules of Procedure of the International Court of Justice*, 67 AJIL (1973).

Murphy, C.F. Jr. *The World Court and the Peaceful Settlement of Disputes*, 7 Ga.J.Int'l & Comp.L. (1977).

Guyomar, G., *Le nouveau règlement de procédure de la Cour international de justice*, 24 AFDI (1978).

Rosenne, S., *Some Reflection on the 1978 Revised Rules of the International Court of Justice*, 19 Colum.J.Transnat'l L. (1981).

Bilder, R.B., *Some Limitations of Adjudication as an International Dispute Settlement Technique*, 23 Virginia Journal of Int'l Law (1982).

Virally, M., *Le champ operatoire du règlement judiciaire internationale*, 87 RGDIP (1983).

Bilder, R.B., *International Dispute Settlement and the Role of International Adjudication, in* L.F. Domrosh (ed.), The International Court of Justice at a Crossroads (Transnational Pub., 1987).

Scott, G.L., Carr, C.L., *The ICJ and Compulsory Jurisdiction: The Case for Closing the Clause*, 81 AJIL (1987).

Charney, J.I., *Compromissory Clauses and the Jurisdiction of the International Court of Justice*, 81 AJIL (1987).

Abi-saab, G., *De l'evolution de la Cour internationale reflections sur quelques tendances récentes*, 96 RGDIP (1992).

Jennings, R., *Reflections on the Term 'Dispute', in* R. St. J. Macdonald (ed.), Essays in honour of Wang Tieya (M. Nijhoff, 1993).

Rosenne, S., *The Qutar/Bahrain Case: What is a Treaty? A Frramework Agreement and the Seising of the Court*, 8 LJIL (1995).

Dupuy, R.J., *Formalisme juridique et la Cour internationale de Justice, in* J. Makarczyk (ed.), Theory of International Law at the threshold of the 21th Century: essays in Honor of Krysztof Skubiszewski (Kluwer Law International, 1996).

Shaw, M.N., *The International Court of Justice: A Practical Perspective*, 46 ICLQ (1997).

Jennings, R.Y., *The Role of the International Court of Justice*, 68 BYIL (1997).

Thirlway, H., *The Law and Procedure of the International Court of Justice 1960-1989*, 69-72 and 74 BYIL Part 9 (1998); Part 10 (1999); Part 11 (2000); Part 12 (2001); Part 13 (2003).

Ajibola, B.A., *Dispute Resolution by the International Court of Justice*, 11 LJIL (1998).

Rosenne, S., *Controlling Interlocutory Aspects of Proceedings in the International Court of Justice*, 94 AJIL (2000).

Corten. O., Klein, P., *L'effecacité de la justice internationale au regard des fonctions manifestes et latentes du recours à la Cour internationale de justice, in* Justice et juridicitions internationals (Pedone, 2000).

Bedjaoui, M., *Expediency in the Decisions of the International Court of Justice*, 71 BYIL (2000).

Sands, P., *What is the ICJ for?*, 35 Revue belge de droit internationale (2002).

Rosenne, S., *A Role for the International Court of Justice in Crisis Management?, in* G. Kreijen et al. (eds.), States, Sovereignty, and International Governance (Oxford U.P., 2002).

中村洸「国際紛争に対する国際司法機関の機能」ジュリスト875号(1987)

古川照美「国際司法裁判所おける司法判断回避の法理」国際法外交雑誌87巻2号(1988)

高田映「国際法における裁判可能な紛争とその主観的制約」法学52巻2号(1988)

宮野洋一「国際紛争の解決と国際司法裁判所の機能に関する一試論」法学新報95巻9・10号(1989)

杉原高嶺「国際司法裁判所の地位と機能」広部和也・田中忠編代『国際法と国内法―国際公益の展開』(勁草書房,1991)

藤田久一「国際紛争処理のメカニズム―『動的紛争』をめぐる議論と国際裁判―」『紛争処理のメカニズム』(関西大学研究双書)第79冊(1992)

山形英郎「国際法における伝統的な政治紛争理論の再検討」『現代法学の諸相(岡山商科大学法経学部創設記念論集)』(法律文化社,1992)

山形英郎「国際紛争解決システムにおける司法的解決の意義」世界法年報13号(1993)

杉原高嶺「国際裁判の機能的制約論の展開—政治的紛争論の展開—」国際法外交雑誌96巻4・5（1997）
河野真理子「国際裁判の動向：条約の紛争解決条項に基づく紛争付託の問題点」法学教室238号（2000）
奥脇直也「現代国際法と国際裁判の法機能—国際社会の法制度化と国際法の断片化—」法学教室281号（2004）

⑶ 訴訟手続：提訴および申立て

［書籍］

Aslaoui, O., Les conclusions et leurs modifications en procédure judiciare internationale（Droz, 1963）.

Abi-saab, G., Les exceptions préliminaires dans la procédure de la cour internationale（Pedone, 1967）.

Santulli C., Droit du contentiux international（Montchrestien, 2004）.

［論文］

Feller, A.H., *Conclusions of the Parties in the Procedure of the Permanent Court of International Justice*, 25 AJIL（1931）.

Scerni, M., *La procédure de la Cour permanente de justice internationale*, RdC（1938-III）.

Salvioli, G., *Problemes de procedure dans la jurisprudence internationale*, RdC（1957-I）.

Basdevand, J., *Quelques mots sur les《conclusions》en procédure internationale, in* Scritti di diritto internationale in onore di Tomaso Perassi（Giuffre, 1957）.

Brownlie, I., *Causes of Action in the Law of Nations*, 50 BYIL（1979）.

Mosler, H., *The Area of Justiciability: Some Cases of Agreed Delimitation in the Submission of Disputes to the International Court of Justice, in* Makarczyk, J.（ed.）, Essays in International law in honour of Judge Manfred Lachs（M. Nijhoff, 1984）.

Bedjaoui, M., *La《fabrication》des arrêts de la cour internationale de justice, in* Le droit international au service de la paixm de la justice et du developpement: melanges Micheal Virally（Pedone, 1991）.

Thirlway, H., *Reflections on the Articulation of International Judicial Problem and the Problem of "Mootness", in* R. St. J. Macdonald（ed.）, Essays in Honour of Wang Tieya（M. Nijhoff, 1993）.

Thirlway, H., *Judicial Activism and International Court of Justice, in* N. Ando *et al.* (eds.), Liber Amicorum Judge Shigeru Oda (Kluwer Law International, 2002).

(4) 訴訟手続：反訴

［論文］

Bekker, P.H.F., *New ICJ jurisprudence on counterclaims- interpretation of Article 80 of Rules of Court- Yugoslav and U.S. counterclaims within the Court's jurisdiction and directly connected to the subject matter of the applicant's claim*, 92 AJIL (1998).

Pegna. O.L., *Counter-claims and Obligations* Erga Omnes *before the International Court of Justice*, 9 EJIL (1998).

Nouvel, Y., *La receivabilité des demandes reconventionnelles devant la Cour Internationale de Justice à la lumière de deux ordonnances récentes*, 44 AFDI (1998).

Savadogo, L., *La renaissance de la procédure des demandes reconventionnelles*, 32 Revue belge droit international (1999).

Salerno, F., *La demande reconventionnelle dans la procédure de la Cour Internationale de Justice*, 103 RGDIP (1999).

Thirlway, H., *Counterclaims Before the International Court of Justice: The Genocide Convention and Oil Platforms Decisions*, 12 LJIL (1999).

Rosenne. S., *Counter-Claims in the International Court of Justice Revisited, in* C.A. Armas Barea *et al.* (eds.), Liber Amicorum 'In Memoriam' of Judge Jose Maria Ruda (Kluwer Law International, 2000).

Murphy, S.D., *Amplifying the World Court's Jurisdiction Through Counterclaims and Third-party Intervention*, 33 Geo. Wash. Int'l L. Rev. (2000).

Rosenne, S., *The International Court of Justice: Revision of Article 79 and 80 of the Rules of Court*, 14 LJIL (2001).

Rigaux F., *Les demandes reconventionnelles devant la Cour internationale de justice, in* N. Ando et al. (eds.), Liber Amicorum Judge Shigeru Oda (2002).

Torres Bernárdez, S., *La modification des articles du règlement de la Cour internationale de Justice relatifs auxexceptions preliminaries et demandes reconventionnelles*, 48 AFDI (2003).

山形英郎「国際司法裁判所における反訴の受理可能性」安藤仁介他編『21世紀

の国際機構：課題と展望』(東信堂，2004)
山形英郎「国際司法裁判所における反訴手続-国際司法裁判所規則第80条の改正（2000）の意義-」浅田正彦編『21世紀国際法の課題』(有信堂，2006)

(5) 訴訟手続：訴えの取下げ

［書籍］

Wegen, G., Vergleich und Klargerücknahme im internationalen Prozeß, (Duncker & Humblot 1987).

［論文］

Wegen, G., *Discontinuance of International Proceedings: The Hostages Case*, 76 AJIL (1982).
Scobbie, I., *Discontinuance in the International Court: The Enigma of the* Nuclear Tests Cases, 41 ICLQ (1992).
Donner, R., *Discontinuance of Proceedings in the International Court of Justice: Six Recent Cases*, 8 Finnish Yearbook of Int'l Law (1997).
Guillaume, G., *Le désistement devant la Cour internationale de justice, in* La Cour internationale de justice à l'abuse du XXIème Siècle: Le regard d'un juge (Pedone, 2003).

(6) 各国民事訴訟法関係（書籍のみ）

［日本法］

民事訴訟法学会編『民事訴訟法講座 第一巻』(有斐閣，1954)
三ヶ月章・青山善充編『民事訴訟法の争点』ジュリスト増刊（有斐閣，1979)
芦部信喜他編『岩波講座 基本法学８-紛争』(岩波書店，1983)
後藤勇他編『訴訟上の和解の理論と実務』(西神田編集室，1986)
三ヶ月章・青山善充編『民事訴訟法の争点［新版］』ジュリスト増刊（有斐閣，1988)
棚瀬孝雄『紛争と裁判の法社会学』(法律文化社，1992)
新堂幸司『民事訴訟制度の役割』(有斐閣，1993)
斉藤秀夫他編『［第２版］注解民事訴訟法(6)訴 §§223-241』(第一法規出版，1993)
和田仁孝『民事紛争処理論』(信山社，1994)
田中成明『法理学講義』(有斐閣，1994)
中野貞一郎他編『民事訴訟法講義［第三版］』(有斐閣，1995)
田中成明『現代社会と裁判…民事訴訟の位置と役割』(弘文堂，1996)

小島武司・伊藤眞編『裁判外紛争処理法』(有斐閣，1998)
青山善充・伊藤眞編『民事訴訟法の争点［第3版］(ジュリスト増刊)』(有斐閣，1998)
新堂幸司・福永有利編『注釈民事訴訟法(5)訴え §§223-256』(有斐閣，1999)
高橋宏志『重点講義民事訴訟法［新版］』(有斐閣，2000)
中野貞一郎他編『新民事訴訟法講義［第2版］』(有斐閣，2004)
伊藤眞『民事訴訟法［第3版補訂版］』(有斐閣，2005)
［フランス法］
Vincent J., Guinchard, S., Procédure civile, 27e Éd.,（Dalloz, 2003).
司法研修所編『フランスにおける民事訴訟の運営』(法曹会，1993)
徳田和幸『フランス民事訴訟法の基礎理論』(信山社，1994)
［アメリカ法］
小林秀之『アメリカ民事訴訟法』(弘文堂，1985)
浅香吉幹『アメリカ民事手続法』(弘文堂，2000)
大村雅彦・三木浩一編『アメリカ民事訴訟法の理論』(商事法務，2006)

あとがき

本書は、2004年3月に神戸大学大学院法学研究科に提出した博士論文を加筆・補強したものであり、平成15－16年度科学研究費補助金（特別研究員奨励費：03J02990）および平成18年度科学研究費補助金（若手研究B：18730033）による研究成果の一部を含んでいる。本書の一部は、既に公表されている論稿でもあるので、以下、それらの初出を年代順に記しておく。

1. 「国際司法裁判所における訴えの取下げ」神戸法学雑誌49巻4号（2000）。
2. 「国際司法裁判所における反訴―請求の関連性を中心に―」神戸法学年報19号（2003）。
3. 「国際司法裁判所における訴えの提起およびその変更」県立長崎シーボルト大学国際情報学部紀要6号（2005）。

ここで本書の表題について付言しておきたい。本書の表題には「国際裁判」の語を用いたが、本書は国際司法裁判所のみをその考察対象としているため、表題と考察対象範囲との間に若干ズレを感じる向きもあるかもしれない。なぜなら、「国際裁判」の語は、仲裁裁判所による裁判と常設的裁判所による裁判とを包括する用語である、と一般に理解されているからである。確かに後者のみを指す用語として「司法裁判」が使用されることもあるが、本書において同用語の使用は控えた。それは「司法裁判」の語が、国内法における裁判のイメージ、つまり「国家作用たる司法権の行使」を想起させる虞があると考えるからである。国内法における司法裁判の特徴は、当事者の合意に基づかずに（強制的に）、手続が開始される点に求められる。しかし、国際法においては、国際司法裁判所のような常設的裁判所においても強制的管轄権は樹立されておらず、紛争当事国の同意（同意原則）がその基盤にある。この点に着目するならば、常設的裁判所による裁判といえども、国内法における「仲裁型」紛争処理手続に類似しているといわざるを得ない。本書は日本法をはじめ国内民事訴訟法を参照しているが、それはこれら国内法において手続関与者間の法律関係を規律する際に用いられる“思考様式”や“発想法”が国際裁判過程の分析道具として有用であるとの判断からであり、国際裁判と国内裁判とを安易に類推・同一視しようとするものではない。以上より本書では、国内法上の「司法裁判」イメージの付着を回避しつつ、「現実の争訟を解決する目的でなされる第三者による法的判断」の過程を指し示す語として、「国際裁判」の語を使用していることをお断りしておきたい。

本書のテーマを研究するに至った契機は、神戸大学大学院の修士論文作成時に遡る。当初予定していたテーマを携えて指導教官たる芹田健太郎先生との面談に望んだ際、「このテーマはもう終わった議論だ」と一蹴され、どう対応すべきか当惑する私に対し、先生は「訴えの取下げについて研究してみたら」と助言くださった。「訴えの取下げ」をどのように議論すればよいのか皆目検討もつかないまま、図書館へ走り、関係しそうな判例や論文を調べたことが懐かしく思い出される。こうして頂戴したテーマと格闘し試行錯誤する中で、私は手続法の研究に入っていった。芹田先生には、学部時代から現在に至るまで公私共にお世話になり続けており、その学恩は計り知れない。私にとって厳しい師であると同時に、優しい「父」ともいえる存在である。先生との出会いがなければ、研究を志すことも本書を上梓することもなかったのであり、芹田先生には誰よりも先に感謝の意を表したい。

神戸大学在学中から本書の完成に至るまでご指導いただいた先生は数多い。中村道先生と藤田久一先生には大学院における授業での指導に加え、修士論文の審査をご担当いただき、多くのご助言をいただいた。酒井啓亘先生には、ライデン大学留学中にもいろいろとお世話いただいたと共に、日本学術振興会特別研究員（PD）時の受入教官として神戸大学の国際協力研究科において素晴らしい研究環境を与えていただいた。そして、坂元茂樹先生と濵本正太郎先生には博士学位論文の審査をご担当いただき、貴重なご意見を頂戴した。とりわけ、濵本先生には公私に渡り相談に乗っていただき、いつもお力添えいただいていることに感謝したい。加えて、神戸大学大学院法学研究科の先輩である黒神直純先生の存在も忘れられない。私にとって「兄」のような存在であり、大学院時代における研究の手ほどきから今回の出版に際しての相談に至るまで常に叱咤激励いただいた。改めて感謝申し上げたい。

また、京都国際法研究会および関西国際機構研究会では、大学院生時代から現在に至るまで関西の諸先生・諸先輩からご指導いただいてきた。さらに、県立長崎シーボルト大学に奉職してからは、九州国際法学会において柳原正治先生をはじめとした九州におられる諸先生にも大変お世話になっている。これらの「研究に関する議論の場」に参加させていただいていることは、研究を進めるに当たっての大きな刺激であり、そうした場の貴重さを日増しに痛感する次第である。ここで一人ひとりお名前を挙げることは紙幅の都合上控えざるを得ないが、深く感謝申し上げる。

最後に、厳しい出版事情にもかかわらず、本書の出版を快諾いただいた信山社の袖山貴氏・今井守氏に感謝したい。本書の公刊に当たっては、独立行政法人日本学術振興会より平成19年度科学研究費補助金（研究成果公開促進費：195099）の助成を受けたこともここに記しておく。

なお、私事ではあるが、本書の完成は、家族の支え抜きには考えられない。母留美子は、父東烈の他界後、私と弟嘉公の幼い二人を女手ひとつで育ててくれた。厳しい家庭事情にもかかわらず、「大学院に行きたい」「海外留学に行く」と我侭ばかり言う不肖の息子を見守り支え続けてくれた母へ感謝の念を伝えきる言葉を私は知らない。せめて本書を母に捧げたい。

2007年6月18日

著　者

判例索引

太字は本文掲載頁

［常設国際司法裁判所］

Concessions Mavrommatis en Palestine, CPJI Série A, No. 2. ……………… ***6***, *39*

Certains intérêts allemands en haute-silésie polonaise, (compétence), CPJI Série A, No. 6. ……………… *39*

Certains intérêts allemands en houte-silésie polonaise, (fond), CPJI Série A, No. 7 ……………… ***12***, ***25***, *46*, ***95***

Denonciation du Traité sino-belge, ordonnance du 2 novembre 1865, CPJI Série A, No. 8. ……………… ***28***

Usine de chorzów (demande en indemnité), (compétence), CPJI Série A, No. 9. ……………… ***28***

《Lotus》, CPJI Série A, No. 10. ……………… ***92***

Concessions Mavromatis à Jérusalem (réadaptation), (compétence), CPJI Série A, No. 11. ……………… ***19***, ***28***

Usine de chorzów (demande en indemnité), (fond), CPJI Série A, No. 17. ……………… ***28***, *36*, *42*, *74*

Dénonciation du Traité sino-belge, ordonnance du 2 novembre 1865, ordonnance du 25 mai 1929, CPJI Série A, No. 18. ……………… *160*

Usine de chorzów (indemnites), ordonnance du 25 mai 1929, CPJI Série A, No. 19. ……………… *156*, *160*

Zones franches de la Haute-Savoie et du Pays de Gex, ordonnance du 19 august 1929, CPJI Série A, No. 22. ……………… *169*

Juridiction territoriale de la Commission internationale de l'Oder, CPJI Série A, No. 23. ……………… *45*

Zones franches de la Haute-Savoie et du Pays de Gex, CPJI Série A/B, No. 46. ……………… *119*

Délimitation des eaux territoriales entre l'île de Castellorizo et les Côtes d'Anatolie, ordonnance du 26 javier 1933, CPJI Série A/B, No. 51. ……………… *156*, *160*, *161-162*

Administration du price von Pless (exception préliminaire), ordonnance du 4 février 1933, CPJI Série A/B, No. 52. ……………… ***20***

Losinger (désistement), ordonnance du 14 decembre 1936, CPJI Série A/B, No. 69. ……………… *160*

Prises d'eau à la meuse（Les Pay-Bas *c*. Belgique）, CPJI Série A/B, No. 70. …*74*
Phosphates du Maroc, exceptions préliminaires, CPJI Série A/B, No. 74. ……***17***
Chemin de fer panevezys-saldutiskis（Estonienne c. Lithuanienne）, CPJI Série A/B, No. 76. ……*74-75*
Société commerciale de Belgique, CPJI Série A/B, No. 78. ……***29-30***, *42*

［国際司法裁判所］

Détroit de Corfou（Royaume-Uni *c*. Albanie）（1947-1949）
— Arrêt du 15 décembre 1949, CIJ Recueil 1949, p. 244. ……***89***
Pêcheries（Royaume-Uni *c*. Norvège）（1949-1950）
— Arrêt du 18 décembre 1951, CIJ Recueil 1951, p. 116. ……*37*, ***96-97***
Protection de ressortissants et protégés français en Egypte（France *c*. Egypte）（1949-1950）
— Ordonnance du 29 mars 1950, CIJ Recueil 1950, p. 59. ……*161*
Droit d'asile（Colombie/Pérou）（1949-1950）
— Fond, arrêt du 20 novembre 1950, CIJ Recueil 1950, p. 266. ……***54***, *75*
Rights of Nationals of the United States of America in Morocco（France *v*. United States）（1950-1952）
— Merits, Judgment of 27 August 1952, ICJ Reports 1952, p. 176. ……*75-76*
Demande d'interprétation de l'arrêt du 20 novembre 1950 en l'affaire du droit d'asile（Colombie *c*. Pérou）（1950）
— Arrêt du 27 novembre 1950, CIJ Recueil 1950, p. 395. ……***89***, *121*
Haya de la Torre（Colombie *c*. Pérou）（1950-1951）
— Fond, arrêt du 13 juin 1951, CIJ Recueil 1951, p. 71. ……*37*, ***89***, *119*
Ambatielos（Greece *v*. United Kingdom）（1951-1953）
— Merits: obligation to arbitrate, Judgment of 19 May 1953, ICJ Reports 1953, p. 10. ……*37*
Minquiers and Ecrehos（France/United Kingdom）（1951-1953）
— Merits, Judgment of 17 November 1953, ICJ Reports 1953, p. 47. ……***97***
Nottebohm（Liechtenstein *c*. Guatemala）（1951-1955）
— Exceptions préliminaires, arrêt du 18 novembre 1953, CIJ Recueil 1953, p. 111. ……*38*
— Deuxième phase, arrêt du 6 avril 1955, CIJ Recueil 1955, p. 4. ……***97-98***
Or monétaire pris à Rome en 1943（Italie *c*. France, Royaume-Uni et Etats-Unis）（1953-1954）

— Question préliminaire, arrêt du 15 juin 1954, CIJ Recueil 1954, p. 19. …*119*
Société Electricité de Beyrouth（France *c*. Liban）（1953-1954）
— Ordonnance du 29 juillet 1954, CIJ Recueil 1954, p. 107. ……………… *159*
Certains emprunts norvégiens（France *c*. Norvège）（1955-1957）
— Exceptions préliminaries, arrêt du 6 juillet 1957, CIJ Recueil 1957, p. 9. ………………………………………………………………………… ***24, 30***
Right of Passage over Indian Territory（Portugal *v*. India）（1955-1960）
— Merits, Judgment of 12 April 1960, ICJ Reports 1960, p. 6. ……… ***19, 89-90***
Application de la convention de 1902 pour régler la tutelle des mineurs（Pays-Bas *c*. Suède）（1957-1958）
— Fond, arrêt du 28 novembre 1958, CIJ Recueil 1958, p. 55. ……………… ***98***
Interhandel（Suisse *c*. Etats-Unis）（1957-1959）
— Arrêt du 21 mars 1959, CIJ Recueil 1959, p. 6. ………………… ***44, 104-106***
Compagnie du port, des quais et des entrepôts de Beyrouth et société Radio-Orient（France *c*. Liban）（1959-1960）
— Ordonnance du 31 août 1960, CIJ Recueil 1960, p. 186. ………………… *159*
Temple of Preah Vihear（Cambodia *v*. Thailand）（1959-1962）
— Merits, Judgment of 15 June 1962, ICJ Reports 1962, p. 6. ……………… ***26***
South West Africa（Ethiopia v. South Africa; Liberia *v*. South Africa）
— Preliminary Objections, Judgment of 21 December 1962, ICJ Reports 1962, p. 319. ……………………………………………………………… *7, 39, 123*
— Second Phase, Judgment of 18 July 1966, ICJ Reports 1966, p.6. ………… *7*
Northern Cameroons（Cameroons *v*. United Kingdom）（1961-1963）
— Preliminary Objections, Judgment of 2 December 1963, ICJ Reports 1963, p. 15. ……………………………………………………………… ***15, 18***, *120*
Barcelona Traction, Light and Power Company, Limited（New Application: 1962）（Belgium *v*. Spain）; Barcelona Traction, Light and Power Company, Limited（nouvelle requête : 1962）（Belgique *c*. Espagne）（1962-1970）
— Preliminary Objections, Judgment of 24 July 1964, ICJ Reports 1964, p. 6. ……………………………………………………… ***134-135, 138***, *158, 159, 164*
— Déuxieme phase, arrêt du 5 février 1970, CIJ Recueil 1970, p. 3. ……… ***90***
North Sea Continental Shelf（Federal Republic of Germany/Denmark; Federal Republic of Germany/Netherlands）（1967-1969）
— Judgment of 20 February 1969, ICJ Reports 1969, p. 3. ………………… ***150***

Fisheries Jurisdiction（United Kingdom *v.* Iceland）（1972-1974）
— Merits, Judgment of 25 July 1974, ICJ Reports 1974, p. 3. ……*42*, ***106-108***, *137*
Fisheries Jurisdiction（Federal Republic of Germany *v.* Iceland）（1972-1974）
— Merits, Judgment of 25 July 1974, ICJ Reports 1974, p. 175. ……***26-27***
Nuclear Tests（Australia *v.* France）（1973-1974）
— Judgment of 20 December 1974, ICJ Reports 1974, p. 253. ……***95-96***, ***99***, ***108***, ***110-111***, *157*
Nuclear Tests（New Zealand *v.* France）（1973-1974）
— Judgment of 20 December 1974, ICJ Reports 1974, p. 457. ……***95-96***, ***99***, ***108-109***
Trial of Pakistani Prisoners of War（Pakistan *v.* India）（1973）
— Order of 15 December 1973, ICJ Reports 1973, p. 347. ……*158*, *159*, *161*
Plateau continental（Tunisie/Jamahiriya arabe libyenne）（1978-1982）
— Requête de Malta a fin d'intervention, arrêt du 14 avril 1981, CIJ Recueil 1981, p. 3. ……*85*
United States Diplomatic and Consular Staff in Tehran（United States *v.* Iran）（1979-1981）
— Provisional Measures, Order of 15 December 1979, ICJ Reports 1979, p. 7. ……*76*
— Judgment of 24 May 1980, ICJ Reports 1980, p. 3. ……*6*
— Order of 12 May 1981, ICJ Reports 1981, p. 45. ……***141-142***, ***148***, *159*
Continental Shelf（Libyan Arab Jamahiriya/Malta）（1982-1985）
— Judgment of 3 June 1985, ICJ Reports 1985, p. 13. ……***92***
Différend frontalier（Burkina Faso/République du Mali）（1983-1986）
— Arrêt du 22 décembre 1986, CIJ Recueil 1986, p. 554. ……*169*
Military and Paramilitary Activities in and against Nicaragua（Nicaragua *v.* United States of America）（1984-1991）
— Jurisdiction and Admissibility, Judgment of 26 novembre 1984, ICJ Reports 1984, p. 392. ……***24***, ***31-32***
Border and Transborder Armed Actions（Nicaragua *v.* Costa Rica）（1986-1987）
— Order of 19 August 1987, ICJ Reports 1987, p. 182. ……*159-160*, *163*
Border and Transborder Armed Actions（Nicaragua *v.* Honduras）; Actions armées frontalières et transfrontalières（Nicaragua *c.* Honduras）（1986-1992）

— Compétence et recevabilité, arrêt du 20 décembre 1988, CIJ Recueil 1988, p. 69. ……… *6*, ***16***, ***18***, *39*, ***146-147***

— Order of 14 December 1989, ICJ Reports 1989, p. 174. ……… *162*

— Order of 27 May 1992, ICJ Reports 1992, p. 222. ……… *160*, *163*

Land, Island and Maritime Frontier Dispute (El Salvador/Honduras: Nicaragua intervening) (1986-1992)

— Judgment of 11 September 1992, ICJ Reports 1992, p. 351. ……… *123*

Elettronica Sicula S.p.A. (ELSI) (United States of America *v.* Italy) (1987-1989)

— Judgment of 20 July 1989, ICJ Reports 1989, p. 15. ……… *125*

Maritime Delimitation in the Area between Greenland and Jan Mayen (Denmark *v.* Norway) (1988-1993)

— Judgment of 14 June 1993, ICJ Reports 1993, p. 38. ……… ***45***

Aerial Incident of 3 July 1988 (Islamic Republic of Iran *v.* United States of America) (1989-1996)

— Order of 13 December 1989, ICJ Reports 1989, p. 132. ……… ***21-22***, *162*

— Order of 22 February 1996, ICJ Reports 1996, p. 9. ……… *159*, *162*

Certain Phosphate Lands in Nauru (Nauru *v.* Australia); Certaines terres à phosphates à Nauru (Nauru *c.* Australie) (1989-1993)

— Exceptions préliminaires, arrêt du 26 juin 1992, CIJ Recueil 1992, p. 240. ……… ***16***, ***20***, ***25-26***, ***32-33***

— Order of 13 September 1993, ICJ Reports 1993, p. 322. ……… *159*

Sentence arbitrale du 31 juillet 1989 (Guinée-bissau *c.* Sénégal) (1989-1991)

— Fond, arrêt du 12 novembre 1991, CIJ Recueil 1991, p. 53. ……… ***53***, ***94***

East Timor (Portugal *v.* Australia) (1991-1995)

— Judgment of 30 June 1995, ICJ Reports 1995, p. 90. ……… *7*, *119*, *123*, ***166***

Délimitation maritime entre la Guinée-Bissau et le Sénégal (Guinée-Bissau *c.* Sénégal,) (1991-1995)

— Ordonnance du 8 novembre 1995, CIJ Recueil 1995, p. 423. ……… ***148-149***, *160*, *164*

Passage Through the Great Belt (Finland *v.* Denmark) (1991-1992)

— Provisional Measures, Order of 29 July 1991, ICJ Reports 1991, p. 12. ……… *169*

— Order of 10 September 1992, ICJ Reports 1992, p. 348. ……… *160*

Maritime Delimitation and Territorial Questions between Qatar and Bahrain (Qatar *v.* Bahrain); Délimitation maritime et questions territoriales entre Qatar et Bahreïn (Qatar *c.* Bahreïn) (1991-2001)

— Jurisdiction and Admissibility, Judgment of 1 July 1994, ICJ Reports 1994, p. 112. ……… ***112-113***

— Compétence et receivabilité, arrêt du 15 février 1995, CIJ Recueil 1995, p. 6. ……… ***113-115***

— Fond, arrêt du 16 mars 2001, CIJ Recueil 2001, p. 40 ……… *130*

Questions of Interpretation and Application of the 1971 Montreal Convention arising from the Aerial Incident at Lockerbie (Libyan Arab Jamahiriya *v.* United Kingdom) (1992-2003)

— Preliminary Objections, Judgment of 27 February 1998, ICJ Reports 1998, p. 9. ……… *7, 39*

— Order of 10 September 2003, ICJ Reports 2003, p. 149. ……… *159*

Questions of Interpretation and Application of the 1971 Montreal Convention arising from the Aerial Incident at Lockerbie (Libyan Arab Jamahiriya *v.* United States of America); Questions d'interprétation et d'application de la convention de Montréal de 1971 résultant de l'incident aérien de Lockerbie (Jamahiriya arabe libyenne *c.* Etats-Unis d'Amérique) (1992-2003)

— Exceptions préliminaires, arrêt du 27 février 1998, CIJ Recueil 1998, p. 115. ……… *7, 39*

— Order of 10 September 2003, ICJ Reports 2003, p. 152. ……… *159*

Oil Platforms (Islamic Republic of Iran *v.* United States of America); Plates-formes pétrolières (Republique islamique d'Iran *c.* Etats-Unis d'Amérique) (1992-2003)

— Exceptions préliminaire, arrêt du 12 décembre 1996, CIJ Recueil 1996, p. 803. ……… *81*

— Counter-Claim, Order of 10 March 1998, ICJ Reports 1998, p. 190. ……… ***57, 60, 63, 67, 68,*** *73, 79*

— Merits, Judgment of 6 November 2003, ICJ Reports 2003, p. 161. ……… *81,* ***120, 168-169***

Application of the Convention on the Prevention and Punishment of the Crime of Genocide (Bosnia and Herzegovina *v.* Serbia and Montenegro); Application de la convention pour la prévention et la répression du crime de génocide (Bosnie-Herzégovine *c.* Serbie et Montenegro) (1993-2007)

— Provisional Measures, Order of 8 April 1993, ICJ Reports 1993, p. 3. ……*81*
— Provisional Measures, Order of 13 September 1993, ICJ Reports 1993, p. 325. ……***24-25***, *81*
— Exceptions préliminaires, arrêt du 11 juillet 1996, CIJ Recueil 1996, p. 595. ……*81*, ***166***
— Demandes reconventionnelles, ordonnance du 17 décembre 1997, CIJ Recueil 1997, p. 243. ……***52, 56-57, 59, 60, 63, 67***, *73*
— Ordonnance du 10 septembre 2001, CIJ Recueil 2001, p. 572. ……*81*
Frontière terrestre et maritime entre le Cameroun et le Nigéria (Cameroun *c.* Nigéria; Guinee equatoriale (intervenant)) (1994-2002)
— Ordonnance du 16 juin 1994, CIJ Recueil 1994, p. 105. ……*48*, *81*
— Mesures conservatoires, ordonnance du 15 mars 1996, CIJ Recueil 1996, p. 13. ……*81*
— Exceptions préliminaires, arrêt du 11 juin 1998, CIJ Recueil 1998, p. 275. ……***17***, *82*, ***166***
— Demandes reconventionnelles, ordonnance du 30 juin 1999, CIJ Recueil 1999, p. 983. ……***59, 60-61, 63, 68***, *73*
— Fond, arrêt du 10 octobre 2002, CIJ Recueil 2002, p. 303. ……*82*
Fisheries Jurisdiction (Spain *v.* Canada) (1995-1998)
— Jurisdiction of the Court, Judgment of 4 December 1998, ICJ Reports 1998, p. 432. ……***19***, *47*, ***100-103***, *123-125*
Demande d'examen de la situation au titre du paragraphe 63 de l'arrêt rendu par la Cour le 20 décembre 1974 dans l'affaire des essais nucléaires (Nouvelle-Zélande *c.* France) (1995)
— Ordonnance du 22 septembre 1995, CIJ Recueil 1995, p. 288. ……***109-110***
Demande en interpretation de l'arrêt du 11 juin 1998 en l'affaire de la Frontière terrestre et maritime entre le Cameroun et le Nigéria (Cameroun *c.* Nigéria) (1998-1999)
— Exceptions préliminaires, arrêt du 25 mars 1999, CIJ Recueil 1999, p. 31. ……*82*
LaGrand (Germany *v.* United States of America) (1999-2001)
— Merits, Judgment of 27 June 2001, ICJ Reports 2001, p. 466. ……***27***
Liceité de l'emploi de la force (Yugoslavie *c.* Belgique) (1999-2004)
— Mesures conservatoires, ordonnance du 2 juin 1999, CIJ Recueil 1999, p. 124. ……*43*, *46*

Liceité de l'emploi de la force (Yugoslavie *c*. Pays-Bas) (1999-2004)
— Mesures conservatoires, ordonnance du 2 juin 1999, CIJ Recueil 1999, p. 542. ……*43, 45-46*
Armed activities on the territory of the Congo (Democratic Republic of the Congo *v*. Uganda); Les activités armées sur le territoire du Congo (République démocratique du Congo *c*. Ouganda) (1999-2005)
— Demandes reconventionnelles, ordonnance du 29 novembre 2001, CIJ Recueil 2001, p. 660. ……***61-62, 63-68***, *73*
— Merits, Judgment of 19 December 2005. ……*83, 84*
Mandat d'arrêt du 11 avril 2000 (République démocratique du Congo *c*. Belgique) (2000-2002)
— Mesures conservatoires, ordonnance du 8 décembre 2000, CIJ Recueil 2000, p. 182. ……*43*
— Arrêt du 14 février 2002, ICJ Reports 2002, p. 3. ……***31***, *44, 45, 46*, ***90, 166***
Certain Property (Liechenstein *v*. Germany) (2001-2005)
— Preliminary Objections, Judgment of 11 February 2005. ……*39-40*
Certaines procédures pénals engagées en France (République du Congo *c*. France) (2003-pending)
— Mesures conservatoire, ordonnance du 17 juin 2003, CIJ Recueil 2003, p. 102. ……*40*

Interprétation des traités de paix, Avis consultatif, CIJ Recueil 1950, p. 65. …*123*
Application for Review of Judgement No. 158 of the United Nations Administrative Tribunal, Advisory Opinion, ICJ Reports 1973, p. 166. ……***94-95***

事項索引

あ 行

か 行

さ 行

〈著者紹介〉

李　禎之（り　よしゆき）

1974年10月　兵庫県に生まれる
1997年3月　神戸大学法学部法律学科卒業
1997年4月　神戸大学大学院法学研究科博士課程前期課程入学
1999年3月　神戸大学大学院法学研究科博士課程前期課程修了
修士（法学）
1999年4月　神戸大学大学院法学研究科博士課程後期課程入学
2000年10月　ライデン大学大学院（蘭）入学
2001年9月　ライデン大学大学院（蘭）修了［LL.M.］
2004年3月　神戸大学大学院法学研究科博士課程後期課程修了
博士（法学）
2003年4月　日本学術振興会特別研究員（PD）（〜2005年3月）
2005年4月　県立長崎シーボルト大学国際情報学部専任講師
（現在に至る）

〈主要論文〉

"The Protection of Human Life Through Provisional Measures Indicated by the International Court of Justice", *Leiden Journal of International Law*, Vol. 15, No. 2, (2002).

国際裁判の動態

2007年7月30日　第1版第1刷発行
1033-01010：p14800 pp480

著　者　李　禎之（り　よし　ゆき）
発行者　今　井　貴
発行所　株式会社 信山社

〒113-0033 東京都文京区本郷6-2-9-101
Tel 03-3818-1019　Fax 03-3818-0344
henshu@shinzansha.co.jp

笠間支店　〒309-1625 茨城県笠間市来栖2345-1
Tel 0296-71-0215　Fax 0296-72-5410

出版契約 No.1033-01010　Printed in Japan

印刷・製本／松澤印刷・大三製本
ISBN978-4-7972-1038-5 C3332 分類328.701
1033-0101：012-040-015